# Renaciendo en una nueva Cultura

Jaime Torres Leal

Número de Control de la Biblioteca del Congreso de EE. UU.:      2013911766
ISBN:            Tapa Dura                                978-1-4633-6097-9
                 Tapa Blanda                              978-1-4633-6096-2
                 Libro Electrónico                        978-1-4633-6095-5

Este libro fue impreso en los Estados Unidos de América.

Fecha de revisión: 11/09/2013

**Para realizar pedidos de este libro, contacte con:**
Palibrio LLC
1663 Liberty Drive
Suite 200
Bloomington, IN 47403
Gratis desde EE. UU. al 877.407.5847
Gratis desde México al 01.800.288.2243
Gratis desde España al 900.866.949
Desde otro país al +1.812.671.9757
Fax: 01.812.355.1576
ventas@palibrio.com
484302

# SOBRE EL AUTOR

Nació en Irapuato Guanajuato el 30 de Abril de 1947. Estudió en el Tecnológico de Celaya titulándose como Ingeniero Industrial y posteriormente su Maestría en Desarrollo humano en la Universidad de la misma localidad, dedicó su vida profesional a la empresa privada, nacional y transnacional en las ramas de la Petroquímicas, Plantas de Alimentos, Manufactureras de autos y Metal mecánica. Desarrollando experiencias en países como Japón, Alemania, Canadá, España y Estados Unidos.

# ÍNDICE

**Dedico esta página muy especialmente a toda mi Familia:**

A mi esposa:

Ma. Clara Estrada de Torres; Por su amor y apoyo incondicional a lo largo de todos estos años

A mis hijos(as):

Almendrita, Nancy, Jaime y Sandra Torres Estrada y a sus respectivas parejas, con quienes decidieron construir un futuro.

A nuestro hijo Jaime Alonso Torres Estrada Q.P.D.

A mis Incomparables Nietos(as):

Luis Mario, Luis Adrián, Valeria, Lucía, Matías porque la llegada de cada uno de ellos le dieron más sentido a mi vida y serán eterna alegría y felicidad para mi corazón y para todas estas bendiciones que aún faltan por llegar.

Diseño Gráfico: Nancy L. Torres de Vázquez

Fotografía: Jaime Torres Leal/ Ma. Clara Estrada

**TODO MI AMOR PARA CADA UNO DE ELLOS......**

**Dedicatoria especial para todos los que fueron imagen importante no solo en mi vida, también en mi exitosa carrera profesional, dentro y fuera del País.**

A mis Padres, Genoveva y Francisco y Hermanos(as)

A Micaela y José padres de mi esposa y Familia

Ing. Rodolfo Fuentes A.

Ing. Félix Guillén.

Ing. J. Luis Navarro

Ing. Jorge Luis coronado (Q.P.D.)

Sr. Antonio Coronilla Q.P.D.

Dedicación especial a mi editorial PALIBRIO en Bloomington, INDIANA USA. por su profesionalismo y su alta Calidad de Servicio.

**GRACIAS POR HABER CREÍDO EN MI....**

# INTRODUCCIÓN

Hoy he decidido iniciar algo que ha despertado todo mi interés, compartir con usted amigo lector, una alternativa social y empresarial que le dé un ambiente agradable en lo que hace, para vivir sin tantas complicaciones en el desarrollo de las actividades del día.

Dicen que LAS COSTUMBRES SE HACEN LEY, porque aprendemos a comportarnos de acuerdo a lo que nos enseñaron y todo lo aprendido se vuelve costumbre, hábito o rutina y como tal, difícilmente nos separamos de ellas y sin darnos cuenta en muchas ocasiones, les hacemos difícil la vida a quienes nos rodean y que colaboran o interactúan con nosotros.

Este tipo de costumbres o hábitos, se llegan a convertir en roedores que se ocultan, y que viven con nosotros destruyendo mucho de lo que tenemos, provocando pérdidas, destrozos morales y lo peor es que nos hemos "acostumbrado" a ellos y es que los seguimos alimentando consciente e inconscientemente,

Como en las grandes empresas, así empieza un hogar, y cada empresario siempre buscará la forma de progresar, de cuidar lo que está invirtiendo, así que evitará que los roedores destructores no le causen pérdidas que terminen con lo que inició.

El hogar empieza siendo "Nuestra pequeña empresa" y es aquí donde las costumbres nos llevan a tener roedores que causen destrozos no solo en nuestra economía, también afectan seriamente los valores y principios de familia.

Así es como empezaré, hablando de esos roedores ocultos en nuestro mundo familiar, que impiden que vayamos a un futuro más productivo, este tema lleva como objetivo, motivar un cambio desde el punto central de nuestra vida, El Hogar.

Hago una analogía Empresa–Hogar. Establecer un hogar, es realizar la mejor de nuestras decisiones, también demanda un presupuesto, una proyección de gastos a corto y mediano Plazo, se elige un modo de vivir, una visión para proyectar la educación de los hijos, también se manejan Inventarios, insumos o materia prima, todo aquello disponible para el uso y el desarrollo de la vida humana en el hogar.

Tiene su propio organigrama, existe el, la o los responsables de cuidar el orden, de emitir reglas de comportamiento, de educar, cuidar y aportar las base que darán los Valores y principios; En la actualidad así funciona un Hogar.

Quienes pertenecen a ese núcleo, no solo viven ahí, Trabajan y la única remuneración es el resultado en la educación y comportamiento de todos, mantener el orden, la disciplina, el manejo de sus propias costumbres para heredar una nueva CULTURA, una EDUCACION y una FORMACION de mejor Calidad para sus hijos, es ahí donde jugamos lo Padres el mejor papel, somos los responsables de optimizar y mejorar las rutinas, para obtener los mejores resultados en Calidad de vida, ahorros, gastos, actitudes, TODO está a la vista de ellos, de los hijos; Incluyendo la forma como se relaciona, se comprende y se comunica la pareja, además, observan como utilizamos el consumo del Gas, del agua, la energía eléctrica y el teléfono, PERO lo más importante en el hogar, es que todo eso se está transformando en una enseñanza, y más tarde será una conducta que se proyectará hacia el exterior de ese lugar.

Este libro está dedicado a todos, porque todos somos parte de ese mundo pequeño. Modificar nuestra conducta es replantear nuestra forma de vivir y desaprender costumbres de antaño, para desarrollar una nueva y diferente forma de vida, con un enfoque futurista, de Calidad, prosperidad y competitividad.

Vivimos con roedores que carcomen nuestro mundo y esos tienen su nombre, cada mala costumbre adquirida es una fuga, es una pérdida a la que ya nos acostumbramos a vivir, y causan infinidad de desperdicios.

Optimizar las cosas que hacemos, eliminando cualquier desperdicio de tiempo, esfuerzo y dinero con una cultura de Calidad de pensamiento será el objetivo principal de esta cruzada.

Considero, que la base principal para iniciar una cultura de alta calidad está en el hogar. Las Instituciones escolares, Universidades, Tecnológicos etc. Dan los conocimientos para enfrentar el campo del trabajo y esto dará a nuestros hijos y a México la oportunidad de ser más productivos y conscientes del cuidado de la naturaleza.

Vivimos una cultura Paternalista, donde esperamos mucho del Gobierno y no nos hemos percatado, que tanto podemos colaborar con nuestro País, que tanto podemos y debemos hacer nosotros, para darles a nuestros hijos una preparación de mejor Calidad desde nuestro hogar y que ellos(as) estén firmemente preparados para enfrentar los retos actuales de una sociedad con muchas variables que otrora jamás nos imaginamos que pudiera darse, una sociedad que necesita participar desde su propio hogar, con nuevas ideas y conductas, transformando sus propias costumbres,,,, ¡¡ Eso, sí está en nuestras manos !!, Nuestra Cultura de casa y Educación Familiar.

# 1

# La importancia de saber que es una pérdida

Los diccionarios definen PERDIDA como:

1. Carencia, privación de lo que se poseía.
2. Cantidad, cosa o persona que se ha perdido:
3. Escape de un líquido o de un gas:
4. Mal uso o desperdicio de algo: pérdida de tiempo.
5. Si sigues las indicaciones, no tienes pérdida.

Así es, entendamos que es algo que dejamos de tener, vivir, de disfrutar, que no tiene dueño conocido o destino determinado, y que cada pérdida tiene un costo en dinero, en moral, en espiritualidad y produce en el corto y largo plazo en mayor o menor escala una depresión o preocupación, por acumulación de estrés.

Que pérdidas nos asechan en el día a día?,,, la gota de agua del grifo en mal estado, la comida que se va a la basura, el televisor prendido y nadie lo ve, el foco prendido en el cuarto que está solo, la pluma que se pierde pero cuesta $ 20 pesos y que no nos inquieta

El solo valor de esta, Las ofertas Famosas que nos inspiran a gastar de más, el llegar tarde a la hora del trabajo, el famoso San Lunes de mucha gente.

Todo lo anterior nos parece "de poca importancia" porque ya nos hemos acostumbrado a eso y ni siquiera nos detenemos a valorarlas. Es más, cuántos errores cometemos y que es necesario volver a repetir lo que se empezó, echando a perder una hoja, un producto, un minuto o varios y aun así, algunas veces volvemos a cometer error.

Durante el festejo del Tecnológico de Celaya por los 55 años de vida, me encontré con un mensaje de los alumnos de la Carrera de Ingeniería Industrial y decía así: "A LOS GANADORES LAS PERDIDAS NOS ALIENTAN A LOS PERDEDORES LOS DERROTA .."

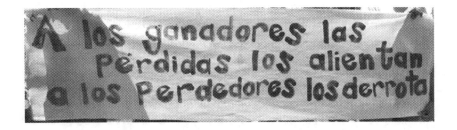

Esto, debe de entenderse como que todo lo que sea pérdida es una oportunidad de mejora, motiva la creatividad y la iniciativa para eliminarla y alienta a seguir adelante superando costumbre y hábitos, transformando nuestra mentalidad para no quedarnos con la conformidad de aceptar esas pérdidas, porque eso es derrota personal. Una pérdida lo encierra todo, desde tiempo perdido, y todo lo que se traduzca como dinero tirado a la basura, oportunidad no aprovechada, gasto innecesario y la enseñanza de una cultura equivocada en el cuidado de las cosas y una forma de vida poco productiva.

No hace falta que nos digan que una gota de agua es solo un acto de improductividad, es una falta de respeto a la Naturaleza, que el lápiz, tiene un valor tan bajo que no le damos importancia y lo dejamos perder, lo focos prendidos cuando no se deben de usar, son un gasto adicional. Los energéticos como la gasolina siguen subiendo de precio y es una variable que afectan la economía, por esta razón los comestibles domésticos elevan su valor y así se va escalando el costo de la vida. Impresionante es ver cómo le damos TAN POCA IMPORTANCIA a cosas "Pequeñas "que crecen y crecen afectando nuestra economía y nuestra Calidad de vida.

Todo esto es rutinario en nuestro modo de vivir, tanto en el hogar como en las empresas y lo que es peor, a muchos no les interesa el precio de lo que pierden si tienen como pagarlo este día y lo importante está en darnos cuenta, en ¡Qué clase de Cultura estamos creando! y qué es lo que se están llevándose los hijos para el mañana de ellos, que serán no solo los futuros padres o madres, también los futuros trabajadores, empleados, ejecutivos y seguramente políticos, diputados y senadores hombres y mujeres de México.

A todas esas pérdidas les llamo FUGAS ratoneras, representado por estos animales que siendo tan pequeños son capaces de destruir todo cuanto esté a su alcance y tienen un Nombre:

EL RATÓN DE LA VANIDAD:

Es aquella conducta incorrecta, que se adopta como si fuera una enfermedad fuera de lo normal y provoca pérdidas "en exceso" por la Arrogancia, la Presunción y el Envanecimiento

EL RATON DE LOS EXCESOS

Se refiere a todas las pérdidas que se salen de cualquier límite de lo ordinario o de lo lícito, ya sea consciente o inconscientemente y nos obliga a incurrir en otro tipo de endeudamiento.

EL RATON DEL DESCUIDO

Las pérdidas que se tienen por dejar de poner atención a las cosas sin darles la importancia que se merecen, es aquí donde los consumos hogareños de agua, luz, gas, teléfono se traducen en pérdidas ratoneras.

## EL RATON DEL PELIGRO

Pone en riesgo lo más amado por nosotros y parece no importarnos, Bebés o niños pequeños al volante con quien conduce el auto, o sin protección adelante del auto, El uso del teléfono manejando, hablando o enviando mensajes, no usar casco cuando vas en motocicleta y en ocasiones llevando pequeños en ella. Este tipo de actitudes desprestigian el valor de la palabra Responsabilidad y lo que más preocupa es que se trata de los hijos más pequeños de la familia.

## RATON IMITADOR

Todo aquel desperdicio o pérdida en los que incurrimos para sentirnos aceptados, dentro de un círculo social determinado, propiciando pérdidas económicas cuantiosas, con el consecuente riesgo de robarse parte de nuestra personalidad alimentando la rebeldía.

## EL RATON DE LAS TRADICIONES

Este tipo de gastos o pérdidas están muy arraigadas en nuestra cultura, me refiero no solo a los días festivos del calendario, que son abundantes y reconocidos por ley, los llamados puentes largos que Invitan a gastos más frecuentes, las grandes manifestaciones y peregrinaciones que duran meses, donde miles de gente participan, con cientos y miles de horas hombre perdidas en el campo y en las industrias, con solo hacer presencia en esos eventos, eso da satisfacción y conformismo a muchos, pero no se avanza en la cultura del progreso y la productividad.

## EL RATON DEL CONFORMISMO

Esta es una perdida frecuente de quienes fácilmente se adaptan a cualquier circunstancia. Eliminan las expectativas de crecer o mejorar algo, pierden la visión del progreso y caen en el conformismo, es aceptar las costumbres y pérdidas con las que actualmente se vive.

## EL RATON DE LAS TENTACIONES

Estas pérdidas provienen del estímulo que incita el deseo por algo. Esta fuga, puede desequilibrar la parte moral y social de la familia y entonces se une a la pérdida de valores, principio, de emociones positivas que pueden acabar con mucho en la familia y van desde la parte económica hasta el comportamiento personal y espiritual, por esas experiencia hacen que se pierda la cabeza y la razón.

## EL RATON DE LAS MALAS COSTUMBRES NOVEDOSAS

Así como todo se transforma, también nos da por descomponerlo, por el lado de las expresiones escritas, nuestro idioma se va intoxicando de expresiones nuevas que se descomponen en otras y eso lo creamos nosotros mismos. El Internet y todos los mensajes en los teléfonos celulares llegaron para iniciar esta desviación en las expresiones... y no digo que es la tecnología la que lo provocó, fue la iniciativa de la gente y la forma de optimizar el espacio y el modo para comunicarse, ésta es una fuga cultural por demás desagradable que nos está conduciendo a perder una correcta forma de expresarse

## EL RATON DE LA TECNOLOGÍA

Esta alimaña es una de las más dañinas en la familia, se come la comunicación, hace que se pierda la convivencia familiar por estar prendidos de una pequeña máquina jugando si fuera el caso y mantiene a las personas y niños dentro de un mundo ficticio, se Roba el bienestar de todos, porque para ese bicho depredador, no le importa eso, se convierte como cualquier adicción a las drogas extremadamente difícil de escapar de ellas, además de todo lo que representa el gasto tan alto de los I´PADS y equipos similares, las persona se pierden, se olvidan hasta de comer por estar jugando y distrayendo su mente en este tipo de nuevas adicciones. Avancemos con el entorno, pero que no nos atrape y nos aleje de la convivencia familiar.

## EL RATON DE LAS QUEJAS

Esta es una pérdida de la tranquilidad, donde mentirnos a nosotros mismos es más fácil que entender la realidad y lo aceptamos gustosamente, se desprende de quejas que escuchamos y externamos, como: ya no tengo que ponerme, no me alcanzó el tiempo, no me alcanza la lana, hay que apretarnos el cinturón, todo eso y más, forman parte de un inconformismo en muchas ocasiones sin bases, es solo el deseo de tener cada vez más y eso no es malo, cuando la situación es real y se tiene el recurso económico para solventarlo.

De esta forma, clasifico algunas de esas malas costumbres que como roedores se esconden dentro de nuestros hogares y en la mente de cada uno de nosotros, afectando el crecimiento de una cultura sana y productiva.

Algunas personas han estado tratando de cambiar su vida, adoptando conductas correctas de comportamiento y disciplina el ritmo es lento y se llega a ver desalentado, porque los juzgamos y hasta se llega a la burla, y eso todo por querer vivir de una forma mucho más educada que otros, con conductas sanas que muchos no comparten en el medio en el que nos desenvolvemos, no es fácil para ellos, las relaciones socio culturales de las personas son tan importantes que pueden destruir no solo la buena educación de quienes tratan de ser mejor, sino también hasta la vida misma, es el caso de lo que ahora le llaman Bullying, que no es nada nuevo,,, ahora a muchos les interesa manejar términos extranjeros para sentirse mejor, este es un entrometido Ratón de malas Costumbres Actuales y así se define en español: "Hecho o dicho con que se intenta poner en ridículo a una persona o cosa"

Cuando desde el seno familiar se inculcan bases sólidas, principios bien cimentados, ese tipo de burlas o amenazas, se pueden manejar inteligentemente y prosperan, pero esto no se tiene en muchos hogares.

LAS PERDIDAS, son fugas, que se esconden, donde menos lo pensamos, ese es el ratón oculto que todo se lo come hasta la energía eléctrica en el recibo mensual, o el mismo recibo del agua o del teléfono, o en los créditos de los celulares o en los centavos que se dan en la esquina al que te los pide, o a los "viene-viene "en los estacionamientos, porque tenemos un modo de vida que depende mucho de la propina, pero cuando se trata de las fugas que más preocupan, son las que se van por el lado de los "Vicios", el alcohol, el cigarro y las otras adicciones, es cuando los ratones de la tentación se apoderan de la persona destruyendo Valores y Principios, se alimentan de la salud, la moral, la economía y la tranquilidad de la familia.

Alguna vez han valorado cada pequeña pieza o cosa o tiempo perdido, seguramente que sí, pero no se le ha dado importancia, por el hecho de no parecerlo por su precio, por su tamaño o por lo que sea? , en ocasiones ni siquiera nos damos cuenta que sucedió ,,,,, Con el tiempo los resultados pueden ser muy desastrosos y dolorosos porque veremos el efecto final en nuestros hijos, así los educamos, así damos el ejemplo y dejamos una estela de actos de CONFORMIDAD que moldearán su futuro ..... Ese es el comportamiento de las fugas Por Descuido y por tentaciones.

Alguna vez han visto el contador de Luz a la entrada de su casa, cuantas veces gira o cambia con el uso de los aparatos domésticos, el refrigerador, el Microondas, el estéreo, la o las televisiones, prendidas, la lavadora, un foco, dos focos ,o todos ellos prendidos,,? Y sobre todo la combinación de algunos de ellos en un momento dado, esto es solo para considerar el uso más adecuado de las cosas y aparatos en casa.

En lo relacionado a lo que podemos controlar nosotros tenemos que hay quienes todavía se rasuran mientras se baña, o quien NO cierra la válvula

Cuando se rasura fuera de la ducha, todavía se ven personas lavando su coche con manguera o la banqueta de su casa, cuantas personas usan su auto para ir a la tienda de la esquina.

La repetición de esos actos juegan un papel importante, son el cuchillito de palo que estarán debilitando la economía y afectando la naturaleza sí no estamos conscientes de ello, todo eso da una formación Hogareña, y creara un cultura de vida a los hijos.

Lo relevante es eso, es "El Enfoque Cultural" la forma como van a responder con su actitud todos los miembros de la familia el día de mañana.

En la tele han visto anuncios de temas como los que mencione anteriormente pero aún hay más:

- Use su cinturón de seguridad
- Evite fumar ... fumar mata
- Eliminaremos la comida chatarra en la salida de las escuelas para evitar la Obesidad Infantil
- Caminar es bueno para la Diabetes
- Prohibido fumar en áreas cerradas, es decir dentro de casa y restaurantes
- Baje su Velocidad (en algunos casos le pone "BAJALE")
- Ciérrale, Ciérrale, La gota También se agota
- Los dientes se cepillan de arriba para abajo, los dientes se cepillan de abajo para arriba
- En la Ciudad de México se supone que los saleros ahora están restringidos en los restaurantes

Si analizamos esto, tal parece que tanto el Gobierno como la TELE, contribuyen para que cambiemos o adoptemos conductas que no tenemos, los vendedores de productos han asumido una mercadotecnia fácil, parece que todos ellos en conjunto pretenden EDUCARNOS, disciplinarnos ahora que el tiempo ya pasó y que cuesta trabajo entenderlo, tan solo en términos de Salud le estamos costando demasiado al Gobierno, porque no tenemos hábitos sanos de alimentación, pese a que tenemos un gran País que todo lo da, en el campo, en al mar, en las selvas y en los bosques, preferimos la comida chatarra para los hijos y el recurrir a las comidas rápidas, que no son malas, hasta el momento que abusamos de ellas o no sabemos controlarlas por la facilidades que ofrecen, la línea de la alimentación sana está en el hogar, es el camino, preocuparnos por el cuidado en la higiene en algunos lugares donde se venden alimentos, que no dan muestra de ello, esa falta de higiene que produce efectos destructivos en la salud y que después pedimos a gritos que el Gobiernos nos de la solución. Todo esto puede cambiar si lo queremos, aquí en México.... Y lo digo así, "aquí en México "porque cuando se viaja a estados unidos, la conducta de las persona cambia fácilmente, No se exceden los límites de velocidad, en algunos casos, se tiene que cruzar la calle en las esquinas, pero aquí en nuestro País, nos privamos de cambiar una forma de ser que tanto se necesita.

Lo que en el hogar debimos haber aprendido, ahora la TELE pretende enseñarnos, a cambiar repentina y radicalmente algo que de pequeños ni vimos ni no enseñaron con el ejemplo, de esta forma las costumbres no cambian y lo hacen más por un enfoque de mercadotecnia o publicidad que por ayudar a cambiar una cultura, ese no es el camino para un cambio definitivo, es solo un intento y que públicamente es el conducto más escuchado y más visto y sin tanta pedagogía que presumir, solo pretenden PREVENIR ALGO y aun así, todavía no se siente una mejora ejemplar.

Que debemos de hacer?, dejar que todas esa fugas como verdaderas alimañas destrocen no solo nuestra economía y buenas intenciones, sino también lo básico, que es nuestra CULTURA; Seguir viviendo así, esperando a ver cuál será la clase de mañana que nos dará la TELE, de los mensajes que dará el gobierno con buenas intenciones por el mismo medio, para ADVERTIR solamente, porque eso no llega a modificar o cambiar totalmente una costumbre aprendida.

Seguir aceptando la pérdida de cosas que parecieran pequeñas y de poca importancia nos lleva a destruir la intención de superarnos y llegará el momento que hasta por una gota de agua nos estemos peleando o que por descuidos de este tamaño nos veamos económicamente apretados, hoy tenemos para pagar energía eléctrica, el agua o hasta el lápiz que se perdió, pero ... la vida es una Rueda de la fortuna, recuerden las tremendas devaluaciones que han sido tan frecuentes, y digo han sido frecuentes porque lo que sucede en la actualidad, es que perder el valor adquisitivo de la moneda, representa devaluarnos lentamente, además de los impactos de las regresión económica en países de primer mundo, o en la unión Europea que nos dan unas sacudidas fuertes, hemos escuchado que si a Estados Unidos le da Gripa a nosotros nos da PULMONIA y por razones como estas, de repente ya se no puede pagar o tener Lo que antes se pagaba o se tenía y la posición económica tiende a debilitarse.

Esa problemática en la economía puede estar en cualquier, País y corresponde atender esos problemas a otras personas, eso no está en nuestras manos, no son manejables por nosotros, no hay nada que podamos hacer físicamente, nuestra única participación la tenemos en un día y con un solo voto, pero más seria, formal y comprometedora, es la forma como debemos de Educar en la actualidad a nuestros hijos, Nuestra realidad del cambio está en el Hogar.

Algunas personas recordaran que TODOS FUIMOS MILLONARIOS EN MÉXICO. Fue tan grave una de tantas devaluaciones que nuestra moneda no valía nada, al grado que ésta cayó dramáticamente, tanto que fue necesario aumentarle tres ceros por cada $ 1,000.00 convirtiéndose en UN MILLON DE

PESOS...($ 1,000,000.00), La verdad es que jamás nos recuperamos, pero la Magia de los gobernantes aparece y así como se sumaron ceros, se quitaron después y eso no quiere decir que nos recuperamos en nuestra economía, volvimos de una forma enmascarada a lo mismo, solo que desfalcados y ahí vamos caminando todavía. Esto lo menciono no por meterme en política, no es parte del tema, es para alertar a todas aquellas personas que viven dependiendo de que no pasa nada y eso es delicado, en aquel momento difícil no solo hubo suicidios, también muchas empresas que se dieron a la quiebra, miles se quedaron sin trabajo, se perdieron hogares, los interés de los pagos de la hipotecas y demás se fueron al cielo y llegó el desconcierto ...

Quienes contábamos con trabajos en empresas que pudieron subsistir y con capital fuerte, seguimos adelante sin las utilidades que se daban, trabajando con menos personal, y con jornadas de trabajo reducidas, etc...También así se perdió el valor adquisitivo.

Fue entonces cuando vimos la necesidad de controlar las PERDIDA PEQUEÑAS, llegó forzadamente la Austeridad, y saben que al paso de los años la pobreza sigue aumentando, NO APRENDIMOS DEL TODO, me refiero a todos los niveles sociales de México.

Bien, que queremos? ,,, del bien o del mal, de lo bueno
o lo malo, nadie va a venir a decirnos como es uno y
otro, el punto es, cómo queremos aprender, dejamos
que la TELE siga "instruyendo", guiando o "educando" a
nuestros hijos, hasta con el riesgo ya observado de que
sigan siendo manipulados, o empezamos a cambiar
costumbres de antaño, las que nuestros padres nos
dieron, (y esto no quiera decir que estuvieron mal,
ellos hicieron lo mejor por nosotros en su momento),
pero es necesario empezar ya, a cambiar lo que
conviene cambiar, eliminando prácticas y costumbres
ya aprendidas de desperdicio y pérdidas que ya se han
adquirido y son parte de nuestra formación del pasado
y que hoy deben de desaparecer.

Debemos de tomar en cuenta que aun así, bajo una
cultura de educación de calidad, ahorro y eliminación
del desperdicio, alimentación sana en casa y un
hogar higiénico, los hijos crecerán en un medio
ya contaminado de malas costumbres, seguirán,
recibiendo información por canales auditivos y visuales
Modernos, pero los nuevos conocimientos adquiridos
en esa nueva cultura les permitirán abrir los ojos y
enfrentarse a cualquier situación para poner las cosas
en el camino que corresponden de acuerdo a su nueva
formación.

Hay una frase que me gusta porque es interminable en su significado:

Enseñar no es una función vital, porque no tienen el fin en sí misma; la función vital es aprender: Aristóteles

# 2

# Porque el tiempo tiene tanto valor

Parece que lo que sobra es el tiempo; Hay más tiempo que vida, así lo dice mucha gente, cuando nos referimos a todo lo que ha pasado y pasará, nuestra existencia en este universo, es solo un suspiro y si dejamos que el tiempo pase y las cosas se acomoden solitas sin participar, o de vez en cuando tomar parte en el asunto, o dejar pasar las horas, esperar, aceptar y conformarnos, cuando levantemos la mirada nos daremos cuenta que ya se fueron las oportunidades, desgraciadamente nadie sabe cuándo va a morir y no me estoy refiriendo al cuerpo tendido sin latidos en el corazón, empezando un estado de regresión a convertirse en cenizas, NO!, me estoy refiriendo a morir inconscientemente, por no estar logrando ir con los cambios que reclama la vida actual, con la dinámica de las transferencias en tecnología y los cambios Sociales, Culturales y Religiosos, por no estar preparados mental y emocionalmente para eso.

Muchos de estos cambios llegarán a sacudirnos bruscamente, lo que aprendimos en casa, se Cuestionará, quizás hasta lleguemos a dudar algo en la línea de lo religioso, lo político, lo Social y esto no debe de ser motivo de asombro, el tiempo seguirá caminando, todo seguirá evolucionando constantemente. La pregunta sería entonces, ¿Estamos vivos o estamos muriendo sin darnos cuenta ? o seguimos del otro lado, del lado del ,,,, ¡ahí se va ! ...

Cuando nos detenemos a reflexionar y ver lo que hemos hecho en el pasado, para muchos será, alegría, motivación, felicidad, orgullo pero también puede llegar la inconformidad y si nos descuidamos hasta la depresión por no haber participado más en este juego del vivir.

Este instante, este momento que vives ahorita, úsalo para llenar tu hogar y tu mente de cosas positivas, de inconformidades que te motiven, que te lleven a superarte por el buen camino, ambiciona saber más, aprender lo que no sabes que existe, llena tu vida de audacia, llena tu vida de valor, se intrépido y busca tu propio yo, tu felicidad,,, Eso es saber aprovechar el tiempo y Valorarlo objetivamente, el tiempo no solo es oro como material precioso, es más que eso, es el valor que le das a tu vida y eso no tiene precio, si lo usas apropiadamente y te preparas, te ayudará a mantenerte EMPLEABLE o ÚTIL aunque el tiempo pase, Porque cualquier organización se peleará y buscará contantemente gente que sea Productividad, gente que inspire confianza para delegar en ti lo que el espera de ti,,, que generes progreso, que no te afecte el entorno social o lo que opinen de ti si te ven emprendedor y ambicioso positivamente, recuerda que el ser humano también sabe envidiar y ese sentir se traduce en maldad y utilizan sus propias relaciones personales y su poder para afectarte, pero eso no te debe de preocupar si tu enfoque es el de un Trabajador, consistente, inteligente que no se preocupa más que por ser mejor, mantén la cordura y siempre ten Fe en ti mismo, porque si no frenarás tus buenas intenciones, si se presentan situaciones como devaluaciones o impactos laterales que afecten tu economía propia o la economía del país, debes estar preparado en tu educación para enfrentar esos retos y recuerda, ya sean cambios de trabajo, devaluaciones etc. todo eso y más puede seguir pasando y son en muchos casos inevitables, en el entorno económico del País, las variaciones no solo dependen de la corrupción en el medio político, o de las malas decisiones que se tomen, también hay efectos que nos llegan del exterior, no depende de México nada más, hay procesos enredosos internacionales que lo afectan.

La gran esperanza será cuando lleguen las futuras generaciones, con esa Nueva Cultura de Calidad, Entonces estaremos viendo mejores resultados en honestidad, calidad de Vida y Visión productiva, sabrán valorar lo que tienen y lo que hacen, aquellos que ya aprendieron a respetar desde niños la Naturaleza y que aprendieron a sentir y vivir la honestidad y la honradez desde que nacieron, los que ya empezaron una educación basada en el ejemplo y la congruencia en una nueva cultura de cuidado y progreso, en el seno de su hogar, ellos, aportarán a la sociedad actitudes positivas triunfadoras, donde la honestidad y la lealtad serán valores y principios bien fundamentados.

Una de las experiencias que me llenó de sorpresa fue cuando me vi involucrado en un ambicioso programa de entrenamiento en una Planta de Ensamble de autos en Hiroshima en Enero del año de 1986. Fue impresionante ver como existe en la mente de cada uno de los trabajadores esa cultura de cuidado y respeto para el manejo de los materiales a ensamblar y sobre todo la colaboración entre ellos, en sus áreas de trabajo, realizaban movimientos precisos optimizando cada segundo de su tiempo para llevar a cabo su tarea, pero más fue mi sorpresa cuando entre ellos se reunían para Balancear sus actividades y muy coordinada y armoniosamente se ponían de acuerdo para enfrentar la próxima llegada de automóviles con una variable importante en la mezcla ,,, En plantas de esta naturaleza se tiene una programación para la entrada de los vehículos a producir, por el diferente contenido de trabajo que tiene un 2 puertas y un 4 puertas y otras opciones, por lo tanto se debe de planear una mezcla adecuada de acuerdo a esas características; Cuando esa mezcla llega a verse afectada, por causas diferentes, las cargas de trabajo se alteran y es cuando ellos se redistribuyen sus propias actividades, aceptando de antemano y por convicción que la línea de producción NO DEBE DE PARAR, se debe de cumplir el objetivo de que CADA minuto salga una unidad terminada al final de la línea rodando y lista para ser vendida..

Todo eso está basado en disciplina, escuché que los" Japoneses viven para trabajar, no trabajan para vivir", no sé de donde salió esa frase, porque después de permanecer algún tiempo conviviendo en su cultura me di cuenta que saben vivir quizás mejor que nosotros, ya en aquel tiempo nos maravillamos de la tecnología en robótica, pero lo que era muy palpable, la forma como optimizaban TODO, el tiempo, los gastos, como evitaban perder dinero, tiempo, conocimientos ,,, Y saben porque lo han hecho, porque Japón es una Isla muy rocosa, un País con muchas limitaciones territoriales, con espacio reducido que exige mucho para el desarrollo humano, al grado de que han logrado ganarle espacio al mar y construir aeropuertos, ellos han vivido conflictos bélicos y sacudidas fuertes de la naturaleza, la única diferencia entre ellos y nosotros no son solo los rasgos físicos, porque de alguna forma somos tan iguales como ellos, estamos creados de igual manera... la diferencia está en que nosotros lo tenemos TODO, un enorme País, que somos 5 veces más grande que ellos en territorio, y que ellos son uno de los 5 países más productivos del planeta.

Que nos puede faltar a nosotros para que reaccionemos?, que tengamos Escases de agua, de Alimentos, de Energéticos, que estemos propensos a Tsunamis, Huracanes, Terremotos, levantamientos sociales, seguramente no deseamos que eso suceda. ¡¡LO TENEMOS TODO!! No queremos ningún mal paso como los mencionados anteriormente, no esperemos a vernos sumergidos en la desgracia para entonces sacar la casta y levantarnos, ya hemos pasado por devaluaciones y desfalcos y seguimos caminando, sí, pero tristemente muy conformistas, sin variar prácticamente nada que tenga un progreso autentico en valores que favorezcan a una cultura DE DISCIPLINA, DE CALIDAD Y PRODUCTIVIDAD, a nivel general, porque nuestra costumbres siguen siendo casi iguales.

UNA NUEVA CULTURA DE VIDA, basada en la eliminación del desperdicio en la Higiene y el cuidado en la alimentación de los hijos, con un pensamiento de mayor calidad; Eso debe de empezar en el seno Familiar y el comenzarlo está en usted amigo(a) lector si lo acepta ahora y lo inicia en el lugar que corresponde, pronto se verá beneficiado usted y su familia y con usted, todos los demás, siguiendo la misma tónica de educación.

No veamos esta propuesta como una MODA, sino como un reto, algunas palabras como paradigmas, se pusieron de MODA y ahora ya no sé qué tanto se acuerden de ella y no solo de la Palabra, sino de su significado y su aplicación, la evolución para mejorar la cultura nunca será una moda, sino una necesidad de progreso.

Cuando dejamos que el tiempo pase simplemente, las cosas quedan atrás y vienen otras, Hagamos del tiempo un instrumento de cambio, como se ve, nada es nuevo en esto de mejorar la cultura, solo es diferente forma de pensar y actuar, el empezar está en nuestras manos y el tiempo de EMPEZAR Y MANTENER ESE CAMBIO YA LLEGÓ, solo necesitamos encuadrarlo bien en nuestra ventana de convicciones, levantemos la cara y no dejemos pasar el tiempo.

Vamos a trascender en este momento en el hogar y seguramente mañana tendremos un México avanzado, vamos a quitárselo de las manos a los Hábitos adquiridos que no hemos querido cambiar, no permitamos que nuestro País, siga secuestrado por el pasado, sus costumbres y tradiciones, a esa educación que en muchos hogares fue alimentada con ejemplos de corrupción, de falsedad, de falta de honestidad, de humildad de pensamiento dañinos y que hoy nos abruman y nos tienen atrapados en el temor. Aprender a cuidar lo que favorezcan a una sana moral, y en un ambiente de cuidado en las pérdidas en general, en orden limpieza e higiene de cada familia.

Quienes piensen que manejar las pérdidas es difícil, les contaré una anécdota de estudiante: La clase de Algebra no es sencilla para muchos de nosotros, estaba un compañero en el pizarrón sudando porque no sabía resolver lo que estaba escrito y el maestro le cubrió los ojos con una tela y se lo llevó hasta el final del salón, nos pidió que nos levantáramos, que colocáramos en desorden los pupitres que nos fuéramos hacia las áreas laterales del salón.

Luego el maestro se fue a su escritorio y le pidió al compañero que fuera hacia el pizarrón del lado opuesto del lugar,,, después de varios golpes en los tobillos y piernas por la dificultad que presentaba moverse libremente, el compañero ya no pudo más y se detuvo.

En ese instante, el maestro regresa con él y la instrucción cambia, le pide que tome de un extremo una regla que sostenía el maestro y le pide que camine sin soltar la regla con él ,,, maestro, regla y alumno se desplazan eludiendo los pupitres que el maestro veía que estorbaban y rápidamente llegaron al objetivo.

El maestro le quita la tela de su cara y le dice:

"YA TE DISTE CUENTA? COMO SIGUIENDO LA REGLA LLEGARAS A TU DESTINO SIN TROPIEZOS.?"

Las reglas son las que nosotros establecemos para llevar a nuestra familia al nivel cultural que deseamos.

# 3

# Porqué analizar áreas de trabajo

Trabajando en el lanzamiento de una planta de Ensamble Exportación de una empresa automotriz muy importante en el País, en el norte, encontramos una situación de conflicto en una de las operaciones de ensamble ya, los supervisores lo atribuían a una mala actitud, fue necesario analizar detalladamente todas las actividades de esta persona, se colocaron cámara para filmar toda la secuencia de su operación y estuvimos el periodo de tiempo necesario para identificar todas las variables y la cantidad de material que ensamblaba.

Una vez concluido al análisis le preguntamos al trabajador, cuál sería su opinión acerca de lo que hacía y él respondió, La fatiga esta en mis piernas, comentó, fue el primer punto, no tengo problema al ensamblar las pieza, ni por los herramentales son los adecuados... pero me desespera mucho la forma como lo hago, cuando mostramos el video y conoció toda su rutina, el operador caminaba casi 8 km. En 8 horas de trabajo y se inclinaba frecuentemente por materia que estaba por debajo de su cintura.

Se modificaron rutas de trabajo por una nueva distribución de los materiales de acuerdo a lo analizado, se diseñaron pequeños dispositivos que permitieron tomar los materiales problemáticos, tan solo estirando la mano a la altura necesaria y ensamblarlos, y lo que se estaba convirtiendo en un problema sindical terminó en acuerdos y soluciones que favorecieron las relaciones entre sindicato y empresa y particularmente el concepto de Mejora continua y trabajo en equipo ganaron mucha credibilidad.

Porqué es necesario llegar hasta ese nivel de análisis. En un lanzamiento de Planta, todas las operaciones tiene un previo estudio para el arranque y no todo puede salir perfecto, estar preparados para enfrentar el caso es lo que tiene valor, siempre hay algo que mejorar y cuando se lleva a cabo con la técnica adecuada, la transparencia y el profesionalismo a lo que se llega es a una forma armoniosa de trabajar.

Se manejaron los pasos siguientes:

1º.- Se involucró al trabajador afectado

2º.-Se definió un grupo de trabajo, donde participaron

- Un Elemento de Mantenimiento
- Uno de abastecimiento a línea
- Dos Ingenieros Industriales
- Un Representarte sindical

3°.- Después de cada sesión se analizaron tiempos y movimientos.

4°.- Las conclusiones las aprobada y aceptaba el trabajador y el grupo

5°.- Se reacomodaron materiales, se fabricaron dispositivos y líneas de abastecimiento del material al punto de ensamble.

6°.-Se corre la prueba y se establece el cambio

El operario "Problema" existió mientras se tenían condiciones inadecuadas, finalmente todo terminó y con ello un conflicto que pudo haber llegado a mayores o hasta la perdida de trabajo de un buen elemento

La experiencia nos fue enseñando que cuando un trabajador no realiza bien su tarea, es por dos razones:

- No tiene el entrenamiento adecuado
- O se revela por inconformidades, entonces es un problema de actitud y se debe de encontrar qué lo provoca.

La solución es realizar un análisis en donde el ingrediente principal sea el involucramiento de las personas adecuadas.

Llevado al terreno del hogar, ¿Se han preguntado alguna vez si lo que está en casa está bien distribuido?, ¿No hay alguna actividad que contenga elementos de fastidio o dificultad para realizarla? En la cocina, el garaje, en las recamaras, el cuarto de estudio... un poco de creatividad e iniciativa pueden ayudar a mejorar algunas condiciones ya establecidas por costumbre, para eliminar posibilidades de conflictos hogareños.

En otra experiencia, nuevamente se tenían problemas con un operador de línea en el área de producción, no cumplía con el Volumen establecido, los estándares de calidad los perdía con facilidad y generaba material defectuoso, se apreciaba una actitud clara de inconformidad, los supervisores sentían que habían agotado todos sus recursos; En este caso solo fue necesario establecer una comunicación directa con él y se encontró lo siguiente.

1.- Empezó a solicitar permiso para ausentarse los sábados, que regularmente se trabaja en operaciones de producción.
2.- Los supervisores no accedían a esta solicitud
3.- La razón que repentinamente empezó a solicitar permisos, fue porque su esposa estaba internada

En México para atenderse de un problema de cáncer de mama detectado repentinamente.

Se formó un equipo de trabajo con trabajadores de esa operación que estuvieran calificados.

Se explicó la necesidad de su compañero, se creó un programa de cobertura por la ausencia del trabajador utilizando todos los recursos necesarios y se empezaron a cubrir las inasistencias sin dejar de producir.

La deficiencia en el liderazgo de la supervisión, la mala comunicación y la aparente dificultad que presentaba el apoyo de otros trabajadores para asistir en sábado, fue lo interfirió momentáneamente en los buenos resultados de un buen trabajador y todo volvió a la normalidad.

Regresando a nuestro pequeña pero importante empresa, el hogar y hablando de temas de apoyo, involucramiento y solución de problemas me atrevo a mencionar, que si bien es ya sabido que la participación del hombre en el hogar ha ido en aumento, no me dejaran mentir que la que hace la comida normalmente es ella, la que baña al niño, es ella(regularmente), la que va a la guardería por las criaturas, es ella, La que lava y tiende la ropa, sigue siendo ella, la que los lleva a la escuela regularmente, es ella, la que se pinta y se arregla, es ella, y el trabajo de casa regularmente recae en ella más que en él y siempre lo hemos visto normal, pero pocas veces participamos mejorando las actividades de casa no solo para ella, también para la armonía de todos en el hogar; no estoy asumiendo que todo lo que suceda en casa es solo responsabilidad de ella, porque la mujer fue dotada de mayor valentía, coraje y valor para atender hogares hasta en situaciones de ser solo ella la que maneje todo. De antaño se ha pensado que la mujer solo nació para el hogar y los tiempos actuales han demostrado que en muchos casos ellas superan al hombre en puestos importantes tanto como en el hogar y en las empresas.

Fue creada especialmente por razones muy importantes, pero en el Hogar debemos verla como lo que es un elemento humano más participando en conjunto con la pareja y los hijos, ahora bajo este enfoque, con la participación de los hijos en los quehaceres de la casa con responsabilidades bien definidas, el esfuerzo se distribuye, esto es, fomentar la colaboración en las responsabilidades del hogar para desarrollar una cultura de involucramiento y disciplina.

El hogar es una pequeña empresa y también tiene sus áreas de trabajo, además estamos acostumbrados a Una distribución tradicional, quizás haya nuevas formas que experimentar, pero no lo hemos intentado y si a eso le agregamos que la fatiga que se trae del trabajo fuera de casa, se suma a la que se desarrolla dentro de ella, entonces las cosas empiezan paulatinamente a variar hasta el momento en que algo explota y llega a provocar conflictos y no nos damos cuenta de que lo provocó.

Por eso es recomendable el involucramiento y la participación de todos de una forma consciente.

La solución es fácil, cuando hay COMUNICACIÓN, la CONFIANZA se da plenamente, es una de las razones por la cuales se decidió iniciar la unión de pareja, cada quien sabe que le produce más cansancio o dificultad, y cada quien debe de levantar la mano para expresar lo que siente, recuerden que cuando las costumbres adquiridas del pasado nos envuelven, se llega el conformismo y al silencio. Por pequeño que nos parezca un movimiento repetitivo de inclinarnos con mucha frecuencia para tomar algo de la alacena, o de caminar mucho para hacer cualquier actividad que se realiza diariamente, o de cargar el garrafón de agua, estudiar a media luz, todo se debe de comunicar, sino, a larga se acumula la fatiga y será la gota que derrame el vaso.

La creatividad y la iniciativa juegan en casa un papel muy importante, no hay que aplicar tanta técnica para compartir ideas, para sentarnos a platicar sobre lo que tenemos y como te gustaría cambiarlo, es de sentido común y disponibilidad.

El Hogar debe de tener los espacios necesarios y confortables que inviten a la convivencia y al diálogo, que todo aquello que permita estar cerca de la pareja y los hijos, les asegure un buen momento para escucharlos. Que pasa actualmente?, convivimos el tiempo necesario en familia? En un lugar cómodo que permita entablar una conversación saludable, hacer la tarea con los hijos, o bien para decirles cuanto los amamos, o quizás el cansancio y un lugar inapropiado se interpone, los escuchamos o simplemente oímos que se quejan, que hacemos para alejarlos de la TELE, o de la Compu, sin que esto sea definitivo, por eso pienso que la distribución de las cosas en casa siguen siendo tradicionalista, no tienen la creatividad necesaria para tener esa zonas de confort, no es necesario invertir solo es necesario tener la iniciativa y el deseo de hacerlo. Para llevar a cabo este cambio, de conducta y ejemplo lo que lo hace difícil es aceptarlo, iniciarlo y ser consistentes, así se va a ir dando una nueva relación en el hogar y ayuda a cuidar las condiciones emocionales que juegan un papel importante también:

Seguramente han escuchado expresiones como:

- No me alcanza el tiempo
- Estoy hecho bolas
- No sé por dónde empezar
- No sé dónde quedaron las cosas
- Nos cortaron el agua

Estos son algunos de los indicadores que nos dicen que algo no está bien y podemos destacar muchos ejemplos de este tipo y todos son de colaboración, participación, involucramiento, confortabilidad hogareña y responsabilidades compartidas.

Hay mucho que mejorar aquí, Si,.. El hogar es nuestra pequeña empresa, vamos haciendo que dé utilidades con nuestros nuevos patrones de conductas, que produzcan bienestar, que nos dé un espacio sustentable en estabilidad emocional, una mejor Calidad de vida, una economía saludable y una visión de futuro productiva para nuestros hijos. Lo relevante de todo es tomar con convicción este proyecto de cambio de costumbres.

Es así como limpiaremos la casa de las alimañas que destrozan lo que pueden, todas esas fugas a las que nunca les hemos dado la importancia que se merecen y que requieren mayor atención.

# 4 Como lograr un cambio sin conflicto

Las palabras clave de esta pregunta y sus definiciones:

<u>Cambiar:</u>

Dar o recibir una cosa por otra que la sustituya

He cambiado la mesa por un sofá.

- Modificar.
- Sustituir, reemplazar:
- Intercambiar:
- Varió el viento su dirección:
- Mudar o alterar una persona o cosa su condición o apariencia física o moral:
- Cambió de idea; se cambió de casa.
- Entiéndase simplemente como aceptar una variante en el modo cotidiano de actuar.

Sin:

Sus definiciones :

- Denota carencia o falta de alguna cosa:
- En ausencia, sin la presencia de:
- Fuera de, aparte de, no incluido

Conflictos:

- Lucha, enfrentamiento, oposición entre personas o cosas:
- Apuro, situación agitada o difícil
- Cuestión que se debate, materia de discusión.
- Existencia de tendencias contradictorias en el individuo, que generan angustia e incluso trastornos neuróticos

Entre personas el conflicto se da porque los intereses son diferentes, se contraponen y se provoca la confrontación, emprenden acciones mutuamente antagonistas, (el que llamamos CONTRERAS, porque siempre estará en contra de lo que escuche) con el objetivo de neutralizar, dañar o eliminar a la parte rival.

Cómo:

Sus definiciones:

- Sirve para preguntar el modo o la manera en que se lleva a cabo una acción
- Interroga también sobre la causa, el origen o el motivo:
- Entre admiraciones, sirve para expresar extrañeza o enfado
- Modo, manera, instrumento con que se efectúa algo
- Encabeza oraciones sin antecedente que expresan el modo o la manera en que se lleva a cabo la acción del verbo del que dependen
- Encabeza frases que expresan comparación o relación de equivalencia, semejanza o igualdad entre dos entidades
- Encabeza frases relativas que expresan conformidad o correspondencia, o acuerdo.

Este tema está relacionado con toda una mezcla de las palabras que se mencionan en las definiciones, sin embargo hay algunas que hacen falta "INVOLUCRAMIENTO Y EVIDENCIAS" nada llega a ser más convincente, que lograr que las personas directamente interesadas estén dentro del tema que se analiza, que se sientan parte del Problema y de la solución, así se obtendrán resultados confiables, con honestidad en el aspecto Técnico, social y Humanístico.

Técnicamente, porque utilizando el recurso de análisis de tiempos y movimientos en las industrias, se podrán definir en qué lapso de tiempo el trabajador completa una actividad, considerando porcentajes de fatiga de acuerdo a la complejidad de la operación que lo lleven a desarrollar su actividad de 8 horas, a un RITMO de trabajo Normal y adecuado, evitando cansancio innecesario porque puede llegar elevar su estrés y a perder la concentración.

Socialmente, debido a que el objetivo es llevar a un cambio sin conflictos y el análisis permite socializar y minimizar o destruir la barrera de hielo que pueda existir entre trabajador, sindicato y empresa, durante el estudio se dan oportunidades de diálogo, de esta forma, continuar armoniosamente el estudio, los hechos que se van encontrando, se irán registrando y será tan claro, que difícilmente no se acepte esa realidad y el convencimiento de lo que debe ser empieza a ser digerido por los participantes.

En lo humanístico, porque el estudio va dando la pauta para dejar una distribución de actividades sin que nadie se considere explotado ni que se pretenda abusar tratando de que obtener beneficio unilateral.

Los tiempos de explotar al trabajador ya no deben de existir y si eso aún se da, no solo es una violación a los derechos humanos, sino lo que es peor, es vivir en un ambiente de desconfianza, áspero, donde empresa y personal se comportan como enemigos.

Los tiempos de mantener un cantidad de personal superior en la plantilla de producción para satisfacer la demanda, no deberían de existir, es sembrar un mal precedente que no se olvidará y será problemático erradicarlo, lo peor es que en muchas empresas se da esto y representa dejar que los trabajadores estén con un bajo porcentaje de eficiencia, y eso quiere decir que les sobra tiempo y eso es malo por dos razones principales:

1o.- El tiempo ocioso contamina la mente de las personas y empiezan a fomentar actitudes negativas.

2o.- Genera inmediata improductividad afectando los costos de producción, las utilidades y ese no es el fin de un negocio que prospera, un negocio así jamás será productivo.

El concepto de productividad en estos términos, debe de estar basado en lo siguiente: Toda operación empresarial no debe de tener ni con un trabajador de más y ni un trabajador de menos, para cumplir sus

Responsabilidades, debe haber solo los trabajadores que se necesiten, ni uno más ni uno menos.

Durante el lanzamiento de un nuevo modelo en una importante planta ensambladora de autos en México, se vivió la siguiente experiencia, la cantidad del personal asignado a ciertas operaciones, no fue aceptada por el sindicato de la empresa, la distribución de cargas de trabajo fue el punto más importante de ese momento.

Se iniciaron las operaciones de producción con puntos determinados a revisar durante el arranque del nuevo modelo, se realizó un acuerdo empresa Sindicato donde algunas operaciones serían analizadas bajo un programa pre establecido y con un involucramiento de los directivos del sindicato, representantes del área de Recursos Humanos, operarios e Ingeniería de manufactura.

1.- El proceso fue, realizar el estudio de cada operación en la línea frente a estas personas, el estudio corrió a cargo por Ingenieros Industriales, y Toda duda fue aclarada durante el desarrollo del análisis, no se seguía adelante hasta que todo quedara entendido; La estrategia de análisis en grupo favorece mucho debido a que fluyen con normalidad los resultados y no existe la oportunidad de que algo quede oculto.

2.- Se preparó el Resumen de datos tomados en línea y conclusión numéricas.

3.- Se hizo la Presentación de los resultados obtenidos al grupo de personas participantes, explicando detalladamente y aclarando cualquier duda de parte de los trabajadores, Representantes del sindicato y de la oficina de Recursos Humanos

4.- Aprobar los resultados del estudio

5.- La conclusión del estudio fue retirar un operador de área de trabajo, a partir de ese momento los representantes sindicales que participaron manejaron directamente con los trabajadores el tema y todo quedó como lo dio el resultado del estudio.

El estudio fue convincente y después de tres días ya la operación quedó con el personal necesario para esa estación de trabajo.

El grupo sindical de esta planta siempre fue muy fuerte y era delicado manejar estos cambios sin generar conflictos, todos los riesgo de caer en huelga estaban cerca, afortunadamente, cuando un sindicato fuerte, que sí piensa en sus trabajadores, reconoce y acepta con evidencias la realidad y también está consciente que la trayectoria de la empresa es seguir adelante con beneficios compartidos, lo más inteligente,

De un sindicato de esta naturaleza, es participar positivamente.

Sí es posible lograr cambios delicados que parecen imposibles SIN Conflicto, la necesidad de involucrar a las personas clave para que se entienda en conjunto de que las evidencias recolectadas durante el estudio no son falsas.

Para llegar a solucionar problemas sin conflicto en el hogar, es muy recomendable hacer un esfuerzo para conocernos mejor como parejas, recuerden en este lugar ni se tiene un sindicato ni se necesita.

En el hogar la pregunta sería, que puede causar un conflicto en este pequeño mundo, a tal grado de que las relaciones se puedan ver afectadas seriamente, hablo de las relaciones Padres-hijos, esposa - esposo, esposa - Hijas y demás combinaciones

Un factor es la cultura de familia de cada persona, es ahí de donde provienen muchas de las costumbres y actitudes aprendidas, es decir cómo fue educada o educado uno y otro en el seno de su hogar, a que se acostumbraron ambos, no solo en la calidad de comunicación, escucha y entendimiento personal, sino también el grado de confianza que inspiraron los Padres, la forma cómo fueron preparados para el

Futuro, que vieron, que escucharon y que sintieron en esa etapa.

Este punto es sumamente importante, ya que la tendencia natural de ambos será la de continuar tratando de imponer la forma como los enseñaron y entonces estamos poniendo en un lugar superior a quienes nos educaron en el pasado y minimizando la imagen de la persona que elegimos para hacer la vida que deseamos como pareja y eso sí genera conflictos mayores. La costumbre hace suponer que si la persona que mantiene un mayor contacto con los hijos es la Madre, entonces se puede asumir que será ella quien tendrá la mayor influencia en la forma de educar a la familia y entonces la otra parte como debe de participar? la de proveedor solamente, cuando se empieza una relación de pareja, las costumbres adquiridas, y la cultura familiar se dejan sentir, sobrarán las sugerencia, la influencia no solicitada, los consejos de cómo educar a los hijos que llegarán indiscutiblemente, situaciones como:

- ¡Si te peleas con tu Marido que no los vean los Niños,,,!. No me refiero a familias con actitudes destructivas y faltas de respeto, me refiero a desacuerdos lógico que brotan espontáneamente por razones naturales del ser humano, es normal que esto pase y no solo lo van a ver los hijos, si lo Hacen delante de ellos, también lo van a sentir sin estar ellos presentes y si llegan a oírlos, estarán tratando de sacar sus propias conclusiones. Las diferencias entre las parejas, NO se pueden ocultar, y hacerles creer a los hijos que el matrimonio o la unión de cualquier pareja es una sociedad sin problemas, entonces, ellos crecerán engañados.

Lo positivo de cuando brotan detalles de esta naturaleza y los peques lo ven, es cuando también ante sus ojos se da lo que conocerán como la RECONCILIACION de sus Padres y entonces aprenderán que también existe un camino para lograr la paz.

Por supuesto que lo mejor es llegar a acuerdos en pareja previamente pero no se garantiza que no se pierda la cordura sorpresivamente. Por supuesto que cuando el diálogo se da frente a ellos y las conclusiones y acuerdos se logren, es el mejor ejemplo, porque nadie está exento a que broten los enojos delante de ellos.

- ¡¡No los dejes que salgan con malas amistades,!! Limitar su libertad será lo más adecuado? Por qué no mejor conocer sus amistades, estar cerca de ellos cerca de ellos y establecer una comunicación inteligentemente evitando el conflicto.

- ¡¡No te conviene, es de otra religión,,,!! Son conceptos que reducen el espacio de elección y que causan incertidumbre y pueden crear rebeldía y frustración por costumbre religiosas impuestas. Este tema será delicado hoy mañana y siempre, sin embargo el enamoramiento no conoce estas barreras religiosas que bien pueden acceder al cambio, solo por el beneficio a un amor y deseo de formar una familia.

- ¡¡Búscate un profesionista ¡! En la actualidad hay miles de profesionistas sin trabajo y en actividades que no corresponden a sus estudios y otros que solo han tenido la escuela de la vida y una educación escolar sin profesión, pero que han triunfado en lo económico y en lo social. Quizás es mejor decir encuentra a una persona preparada, con estudios, con buena educación, emprendedora, trabajadora, honesta, que te respete y acéptala con sus defectos, recuerden que el corazón es el que escoge lo que necesita para vivir en pareja y la mente lo que tus ambiciones positivas y materiales también necesitan.

Por supuesto que una persona con estudios y títulos profesionales tiene oportunidades más claras pero eso de escoger, es cosa del corazón y el escogerá lo que más le convenga, todo depende de cual enfoque le des o le den a tu elección.

Cuando los hijos crecen las cosa llegan a tonos más fuertes, llega la juventud, y en muchos casos empiezan a retar a los padres, esto se convierte en un serio y difícil manejo de la situación ,,,,, entonces se oyen palabras y frase como estas, Grosero, Renegado, malagradecido, ya no nos comprende y finalmente ... ¡CASTIGALO(A) ¡

En este núcleo no hay sindicatos ni quien los represente en el conflicto, cuando eran niños la solución era más fácil,,, "Ya verás ahora que llegue tu padre se lo voy a decir" así, vivimos muchos escuchando esa advertencia, fomentando una imagen superior mas de miedo que de respeto.

La forma como aceptamos y justificamos esa conducta, es pensado simplemente que... "Ya están creciendo los hijos",,,,, pero, que no habrá otra alternativa?, algo menos áspero y doloroso, Seguramente sí, si se desarrolla un ambiente de confianza y credibilidad, si se lleva una comunicación honesta y sin falsedades, donde por más espinoso o incomodo que parezcan los temas actuales se tengan que eludir, las respuestas, aclararse en la forma que corresponda, sin hacer que participe la cigüeña ni el coco, sino con la transparencia Adecuada, seguramente así se obtendrán resultados que fortalezcan la confianza entre padres e hijos y no dejar que solo en la escuela con los amigos (as) se maneje esos temas, ahí habrá mucho chicos(as) seguramente más conocedores y hasta expertos que ofrecerán gustosamente aportar sus conocimientos y experiencias, pero la intimidad del hogar siempre será el lugar más adecuado para transmitir estos conocimientos, que no se piense que no saben comunicarlo o que no son los más experimentados el tema, solo basta con explicarlo de la forma más natural y sencilla para que todo quede como se desea.

El ejemplo de una conducta congruente con lo que se pregona, enriquecido por la confianza y la comunicación, es suficiente para minimizar efectos de rebeldía, y no conformarnos con pensar que esa rebeldía es solo parte de la influencia del entorno y la juventud misma o que es por herencia genética..." lo trae en la sangre"... ¡Es que así era el abuelo !

Los genes son característica propias de cada uno y son la fortalezas, que van a equilibrar la balanza, lo que yo no tengo lo tienes tú y viceversa es el EQUILIBRIO, eso se va descubriendo con el tiempo y cuando se inicia la vida en un hogar con un cambio cultural como el que se sugiere, esos genes sacarán por naturaleza lo Positivo para convivir y superar situaciones, porque los genes son también Inteligencia heredada.

Que queremos, seguir así o CAMBIAR esa costumbre y definir el inicio de una nueva cultura que empezará dejando cimientos renovados, así, de los 0 a los 6 años de la edad de los hijos, serán los padres dispuestos a iniciar un cambio Cultural definiendo las bases primordiales de la disciplina, los principios y valores del comportamiento, sin causar temor, apoyados en el ejemplo, la convivencia y la congruencia, porque más tarde de los 7 a los 12 años seguiremos siendo no solo los padres, ahora seremos más consejeros dispuesto a escuchar y dejarles su libertad para expresar lo que sienten, capaces de manejar y entender sus inquietudes sin reservas. En esta etapa el liderazgo de los padres ya está claro en la mente de ellos(as).

Posteriormente de los 13 a los 18 el papel de los padres es ya una autoridad más definida y respetada en esta nueva expresión cultural en el hogar y entonces se empezará a sentir ese calor amigo en la relación de los hijos con los padres.

Es el momento de aprender a motivar, no comprar el aprendizaje adquirido en la casa o en la escuela.

Después de los 18 estarán entrando a una etapa de "adulto joven" y posiblemente en estudios de carreras Profesional, otros ya trabajarán y serán ejemplos ... En esta etapa ya sus decisiones son solo de él o ella y para entonces, los buenos y sólidos principios van a guiar al joven, NADA HAY QUE TEMER... Ahora somos amigos y Padres y siempre será preocupante saber que pasará el día de mañana, pero llevado de esa manera hay más seguridad en que sabrá salir de sus errores y cada caída será un aprendizaje.

A los que realmente nos enfrentamos, son a los conflictos internos que nos impiden como padres de familia a cambiar lo que aprendimos, a sentir temor por lo que viene por las costumbres adquiridas de tantos años, atreverse a dar ese paso, es lo más difícil,,, y lo que sigue, es el compromiso de de mantenerlo en casa.

# 5

# Porque formar una sociedad de trabajo

Es materialmente imposible, permanecer en este mundo sin sentir la necesidad de establecer contacto con alguien, solo los náufragos y aun así ellos desarrollan habilidades para relacionarse con animales y el medio ambiente.

La naturaleza humana es así, buscará siempre tener la forma de compartir, dar y recibir; Las relaciones humanas están integradas a nuestro ser como la piel al cuerpo, hablar, participar, saludar, besar, comer, jugar, todo está basado en la forma como nos asociamos, como nos encontramos y nos damos a conocer uno con otro..

Sociedad es un término que describe a un grupo de individuos marcados por una cultura en común, un cierto folclore y criterios compartidos que condicionan sus costumbres y estilo de vida y que se relacionan entre sí en el marco de una comunidad.

Aunque las sociedades más desarrolladas son las humanas (de cuyo estudio se encargan las ciencias sociales como la sociología y la antropología), también existen las sociedades animales (abordadas desde la socio biología o la etología social).

Esta es una de las formas que definen la palabra SOCIEDAD.

Entonces para vivir poniendo en práctica las habilidades que la naturaleza nos dio, es mejor estar entre grupos de personas con las que se pueda interactuar y desarrollar en conjunto actividades que permiten subsistir y desarrollar una vida compartida, hecho que se traducen en beneficios y comodidades.

Los grupos sociales han sido objeto de muchas manifestaciones de amor, compañerismo, inconformidad, progreso, superación, investigación, de reclamos y protección hacia la naturaleza misma.

Es necesario asociarnos y sentir la competencia de cualidades entre personas, como la creatividad, la iniciativa, la audacia y el poder de manifestar su lealtad, sus ambiciones de superación y también conocer y comparar la inconformidad y el conformismo.

El sentido de competencia se despierta cuando vemos en otros como luchan y se desenvuelven para salir adelante, admirando aptitudes que se sembraron y que se labraron en el seno del hogar, las que se aprendieron en las aulas y las que se pueden apreciarse como herencias genéticas.

Estas son las cosas y retos que se tienen al vivir en sociedad, conlleva buenos ejemplos y los malos también que tienden a desvirtuar las buenas conductas aprendidas y que causan temores e incertidumbre a los padres.

El hogar no es solo una sociedad conyugal, lo que manda la sociedad eclesiástica, es que debe de ser bajo un régimen religioso que tiene reglas específicas; La Ley por su parte también establece una sociedad conyugal que legaliza la presencia de dos personas unidas en matrimonio, y que también mantiene reglas claras sobre los bienes materiales, define la paternidad y maternidad en sus responsabilidades para con ellos mismos y los hijos y actualmente se tiene la unión libre entre parejas, que también constituye una sociedad, ahí donde las reglas pierden su rumbo y su destino lo definen ellos a su libre albedrío.

La forma como se desenvuelva la pareja en el ambiente familiar depende de la fuerza y lealtad que se dediquen entre sí, en México como en muchas sociedades latinas recibimos la educación donde por un lado se conoce el Patriarcado y por otro el Matriarcado y se dan por automático.

Las definiciones de estas dos palabras se escriben de la siguiente manera: ,,,

El Patriarcado es un concepto utilizado por las ciencias sociales, en especial en la antropología y en los estudios feministas.

Hace referencia a una distribución desigual del poder entre hombres y mujeres.

Un matriarcado es una sociedad en la cual las mujeres, especialmente las madres tienen un roll central de liderazgo político, autoridad moral y control de la propiedad.

La evolución en el hogar, ya no solo debe de adoptar literalmente cada expresión de estas definiciones, por supuesto que en esta empresa hogareña también debe de haber liderazgo, Reglas, Rolles no puede ser un barco sin timón, ni una brújula sin aguja, ahí todo debe ser compartido y con respeto.

Se dice fácil pero llevarlo a cabo significa superar temores, costumbre, dependencias, dejar atrás todo lo aprendido y volver a empezar, iniciar una nueva vida donde cada uno dependerá de cada cual, la fe, la confianza, la forma como se apoyen mutuamente ayudará a formar su propia vida.

La familia es una empresa que nace solo con dos personas y pocas cosas dentro de una construcción hablando en términos generales, nace con ilusiones, esperanzas, deseos y muchas ganas de triunfo.

Cada empresa manufacturera de un producto "X" cuando decide empezar, se plantea también cual será la Visión, hasta dónde quiere llegar en su proyección, determinan como plasmar el sueño que se desea y lo que sigue es definir la Misión es decir, el Cómo, qué tipo de tecnología se va seleccionar, las características de la maquinaria. Y claro su propia filosofía. Porque Atrás de todo eso habrá una inversión que hay que cuidar.

El hogar no tiene diferencias que se contraponga a lo anterior al proyecto de iniciar una sociedad de unión entre dos personas bajo un mismo techo. También es una empresa y también se acepta que hay un sueño y una forma pensada de realizarlo. El Hogar, es la Decisión y la empresa más importante de quienes así lo desean, unirse en pareja para emprender juntos un futuro, es una empresa de retos.

Las experiencias pasadas, que dejaron frutos y hechos productivos, y que en su momento fueron útiles, esos hechos son los que merecen ser reproducidos, adaptándolos al presente ayudarán en mucho y cambiarán lo que vayamos creando, otras nuevas formas de vivir, mejorando lo que el pasado ya nos dio.

La mayoría de las parejas que se unen, se dan la oportunidad de proyectar, todas las variables que se avecinan, renta o compra de casa, equipamiento de muebles y es probable que hasta se definan la cantidad de hijos a tener.... Esa es la primera práctica visionaria de su futuro enlace, La Visión y Misión de la pareja a corto y largo plazo que se debe de ir actualizando conforme avanza el tiempo.

El periodo necesario para conocerse como pareja, en la actualidad se ha reducido mucho, lo que puede ser para ambos una debilidad, y cuando el tiempo pasa se dan situaciones que llegan a sorprender a alguno de los dos, si bien el AMOR es un aliciente emocional que debe de impulsarlos, existen otras variables, como La parte económica, que cuando escasea golpea duro y necesita reforzarse, porque dicen que cuando la falta de dinero entra por la puerta el amor sale por la ventana,,, Conozco a un buen Filósofo muy mexicano que dice: "Que la Felicidad no es el Dinero pero,... haaaa como se le parece"

Eso no quiere decir que todo esté relacionado con el dinero, son en algunos casos, situaciones personales, y tampoco quiero decir que los matrimonios que añejaron muchos años de noviazgo jamás se hayan roto, es solo que el conocerse bien, nunca termina y aceptarse como son el uno del otro, son el principio y el valor de un verdadero amor.

La Visión y la Misión del hogar se van reforzando, al paso del tiempo. La etapa inicial solo es para conocerse y asegurarse de que él o ella o ambos ya pueden iniciar los retos de una unión de pareja, en la parte de comprensión, entendimiento, manutención y techo para vivir, el amor y el entusiasmo ahí están y son el motivo principal de la decisión.

La forma como ambos irán desarrollando su futuro depende, de qué tanto se dé la transparencia de sus Personalidades, que debe ser en forma natural y cada uno vaya conociéndose más y más, los caracteres y Temperamentos, se irán acomodando y la comprensión se irá reforzando al conocer virtudes y defectos entre sí.

Al llegar los hijos, se reinicia una nueva vida,,,, Si es cierto, la luna de miel dura poco, pero el fin principal de la unión son los hijos, la idea de iniciar un matrimonio o unión de pareja, capaz de enfrentar cualquier reto que la vida les imponga.

Entonces llegó la hora de replantearlo todo, la economía, sobre todo en los rolles de la educación, el ejemplo a transmitir, es decir, lo que desea la pareja para ellos y los hijos.

Un acuerdo importante al inicio de esta experiencia es la forma como van a admitir y controlar la influencia de quienes sanamente tratarán de compartir sus decisiones en la educación de sus hijos, las sugerencias que aportan los familiares, con la mejor bondad del mundo, todavía no empezamos alimenta ni educar a nuestros hijos y ya tenemos miles de opiniones de cómo hacerlo.

Por supuesto que se está en la disposición de escuchar, de asesorarse con los padres la forma de empezar y todos los comentarios son buenos, y la apertura para recibirlos también, pero quienes finalmente van a seleccionar lo que conviene, son la pareja misma, Conscientemente elegir el camino a seguir y debe de ser de común acuerdo, la pareja debe de confeccionar su propia estrategia de cómo van a educar a los peques.

En el hogar se tienen aspectos más complejos que brotan de lo emocional, lo económico si es importante pero no es tan relevante, lo deseable es permanecer juntos, luchar codo con codo a pesar de todo, limpiándose el sudor de la frente el uno con otro sin dejarse llevar por las influencias sociales que parece que tratan de menospreciar y juzgar frecuentemente.

Eso de conocerse plenamente no tiene fin, así es que una comunicación frecuente ayuda, siempre y cuando no llegue a ser confusa y estresante, siempre debe ser sincera y clara.

Todas las empresas o Industrias, llevan a cabo Juntas para analizar los resultados, para planear presupuestos, definir acciones a seguir.

En el hogar, la pareja TAMBIEN desarrolla estas actividades, la casa es el punto donde los ejecutivos viven tan cerca el uno del otro y que se tienen todas las posibilidades de entenderse y planear un futuro halagador.

La diferencia es que Manejamos esto de una forma

Espontánea, nace inconsciente la reunión, una junta de resultados no planeada muchas veces en la mesa del comedor con un café, en la cama mientras reflexionamos lo del día, en el auto, en cualquier momento se da la oportunidad, en casa no hace falta un pizarrón para anotar compromisos ni una minuta que recuerde los compromisos, basta con que se le dé la importancia a los temas que se comentan y que sea como un ejemplo que transmita a los hijos lo que se desea para su educación.

Otro factor importante que también se desarrolla en las empresas es los que se reglamentan en horarios, y que la Disciplina de la PUNTUALIDAD es muy pobre en nuestra cultura actual, se respeta en muchos casos solo en el trabajo y eso porque es penalizado el llegar tarde, al grado de que muchas organizaciones PREMIAN la puntualidad ,,, cuando que es una responsabilidad que debemos de cumplir, pero se ha llegado hasta ese punto para MOTIVAR al trabajador a "QUE LLEGUE TEMPRANO A SU AREA DE TRABAJO."

En otros países como Japón, Alemania e Inglaterra, es un modus vivendi, es algo común.

Cuando los procesos mentales son claros, productivos y ordenados; Claros, productivos y ordenados serán los hogares, de las personas y el lugar donde se encuentren.

Este tipo de actitudes absurdas de la impuntualidad dañan y faltan al respeto a quienes sí viven cumpliendo con el tiempo. Hay un mensaje a favor de este tema que reza de la siguiente manera:

LA PUNTUALIDAD ES:

CORTESIA DE REYES

DEBER DE CABALLEROS

Y COSTUMBRE DE

PERSONAS EDUCADAS.

# 6 La velocidad, importante para cualquier tarea

Existen ejemplos que confunde este concepto y desvirtúan el modo de actuar y eso también es una costumbre muy arraigada en nuestra cultura, La velocidad en el actuar diario juega un papel importante, genera muchas pedidas y conflictos en muchos casos.

Una de esas costumbres la vemos en el diario ir y venir en nuestro auto, los límites de velocidad establecidos en las ciudades, calles, Bulevares, puentes, marcan determinados kilometraje por hora y regularmente no se respetan y además a nadie se sanciona por esa razón.

También nos ha pasado que por hacer la cosa con rapidez, cometemos errores que nos obligan a repetir la acción, o que vemos en el aeropuerto mucha gente corriendo porque están a punto de perder el vuelo; Hay quienes dicen, Calma "Hay más tiempo que vida." y es cierto, pero como queremos vivir esa vida, esa oportunidad que nos han dado?

La velocidad no es la que afecta la vida, somos nosotros los que no la entendemos, cuando la velocidad en nuestro modo de vivir se altera, es solo producto de una mala planeación de nuestro propio tiempo y entonces llega la desesperación, todo se quiere hacer rápido y decimos que el tiempo nos ganó.

La incongruencia se debe a que creemos que por hacer las cosas rápidamente, vamos a terminar más pronto. En algunos casos resulta, pero regularmente de esta forma se ve afectada la calidad de lo que se hace, además se suma un acumulamiento de estrés en la persona que altera el pensamiento y provoca tensiones... aunque pareciera que después de concluir algo con rapidez, llega la tranquilidad y con ello un suspiro de aliento, la aparentemente tranquilidad y la situación estresante vivida, ya dejaron huella, ya quedó grabado en la memoria y todo quedó listo para reproducirse nuevamente, estamos programando la mente para reaccionar así.

Sabemos que modificar la velocidad hacia más o hacia menos, va a provocar algo, puede ser algo favorable o desagradable, cualquiera de las dos alteraciones puede traer consecuencias, alguna muy graves otras menos graves. Abarca desde destruir un papel o un minuto perdido y sin exagerar hasta perder una vida.

No debemos de olvidar que las habilidades y aptitudes de cada persona están incluidas, en la velocidad de hacer cosas, además de que estas favorecen el desempeño de la persona, por su naturaleza, pero cuando la acción se repite consistentemente en el lugar de trabajo con frecuencia, produce una rutina que se va mejorando cada vez más hasta llegar a un límite y ese es la velocidad a mantener para no caer en la fatiga.

Todo lo anterior es porque en la Industrias se deben de definir a qué velocidad deben de trabajar los obreros y empleados, sobre todo en líneas de producción, y para determinar esa velocidad, tienen que analizar el tiempo que se lleva cada movimiento a ejecutar.

En el estudio debe de considerar si la personas es Zurda o derecha o ambidiestra, considerar estatura promedio, y la colocación de las cosas a su alrededor.

La velocidad adecuada para desarrollar actividades, debe de tener los siguientes ingredientes:

- Conocimiento del trabajo
- Concentración en lo que se hace
- No omitir cosas que interfieren con lo que se va hacer
- Desarrollarlo en forma Natural.
- Aprendizaje o capacitación

En el hogar, la velocidad para actuar requiere de los mismos ingredientes, solo que debemos de adicionarle:

- Un Liderazgo compartido
- Trabajo en equipo
- Delegación de responsabilidades
- Cumplimiento de horarios
- Congruencia en los actos personales

Todo esto se encuentra en dos palabras UNIDAD FAMILIAR.

Tengo una nieta de 1 año y medio que cuando oye a su Mamá decir que va a bañar a su hermanito de 5 meses, corre por la esponja y el jabón y los deja en la tina de agua esperando a que llegue su hermanito, este es un ejemplo de como las cosas se facilitan y regulan la velocidad de lo que se hace con la participación de ellos. Ahora solo imaginen que tanto se puede facilitar el ritmo de vida cuando los adultos también participan en las tareas del hogar.

En el caso de la niña aunque no es sorprendente, nos causa admiración el hecho de que sin pedirle nada sabe que es lo que sigue y esa es su aportación de lo que ha aprendido, bastó únicamente escuchar algo para generar una acción.

Muchos hogares, han logrado que los hijos, dejen su recamara lista antes de ir a la escuela, o su plato en el lugar que le corresponde para ser lavado, que la silla en la mesa donde tomó sus alimentos regrese a su lugar.

Todo lo que pase formará parte de esa educación, sin olvidar el derecho que se tienen de hacer un capricho y no por eso deba de perder su libertad de ser Bebés, niños, o jóvenes, no se trata de una disciplina militar que afecte o inhiba y frene una libertad de aprendizaje con reglas o ejemplos bien establecidos

Es la forma como les hacemos sentir la velocidad en la vida de ellos, con la calma necesaria o la prisa que tenemos.

Las reglas de Casa son propias de los adultos y la mejor forma de transmitirlo es haciéndolo, para dejar en la mente de ellos un ejemplo que se graba con solo verlo, son imitadores, observadores por naturaleza, son esponjas que lo absorben todo

Un ejemplo de como el aprendizaje se queda en el sub consciente y jamás lo olvida, es cuando aprendemos a manejar. Muchos de ustedes usan automóvil para transportarse y cuando cambian velocidad o meten freno todo eso lo hacemos inconscientemente y de forma precisa.

Cuando se empieza a aprender a manejar, la posición menta es que estuvimos CONSCIENTES, de que no sabíamos dónde estaban pedales y palancas, ni cómo ni cuándo usarlos, es decir pusimos todos nuestros sentidos y atención en esa etapa.

Cuando fuimos desarrollando y aprendiendo esa habilidad, poco a poco dejamos de preocuparnos de poner toda nuestra atención en lo que hacíamos, fue necesario, estar en esa etapa inicial de aprendizaje y a la velocidad que aprendimos fue al Ritmo que se necesitó, ahora al manejar el auto, lo hacemos rápida e inconscientemente, nuestros pies y manos se mueven como un robot programado y cuando surge una emergencia metemos frenos si pensar en donde está el pedal de freno.

Las etapas son:

* ESTOY CONSCIENTE DE QUE NO LO SE y pongo todos mis sentidos y
* ESTOY CONSCIENTE DE QUE YA LO APRENDÍ. Es decir hoy lo hago inconscientemente porque quedó grabado en mi mente

De la misma forma el aprendizaje en casa quedará en nuestra mente para siempre y la velocidad la adaptamos según nuestra naturaleza y aptitudes. Así Es como los hijos reaccionarán en un futuro después de haber aprendido una nueva forma de vida de mejor Calidad ya que inconscientemente sabrán responder de la manera adecuada a los embates de un entorno enviciado que juega al Bullyng por estar atrapados en la envidia, la ignorancia y la falta de una cultura sana donde el respeto debe de imperar.

Este proceso es una forma de entender y comprender como se va desarrollando y asimilando la educación y aunque estamos en un medio muy turbulento, cuando alguien se separa de la familia, los principios y valores aprendidos, hacen que todo regrese al buen camino.

Una futura educación, sembrada con buena voluntad, con expectativas grandes de crear gente con una Calidad Moral distinta, servirá para rescatar a nuestros hijos y para enderezar este barco que se llama México, y que ha estado desde hace mucho tiempo secuestrado y en manos de la corrupción y de malas costumbres..

Como se ve no se trata de apretar el acelerador para llevar a cabo una educación bajo costumbre nuevas, para empezar, no son cosas que se hayan escuchado por primera vez, pero van a contribuir a mejorar la economía, a despertar el interés por la Naturaleza, por el cuidado de las cosas Pequeñas y a tener una educación superior en Calidad y nuevas costumbres

Tener un Ritmo de Vida bien elegido, dará por consecuencia una planeación de un futuro con mayor seguridad, seguridad de que los hijos llevan suficientes armas para enfrentar lo que venga, la nostalgia de los Padres, se verá reducida, habrá una confianza que descansará en buenos principios y valores sólidos

El pesimismo es motivo de temor, de inseguridad y eso se transmite rápidamente a los hijos, desgraciadamente la velocidad como se asimilan las tentaciones y lo menos conveniente, es mayor que velocidad de aprendizaje en las cosas buenas.

Tema No

# 7

# Que me debe de preocupar para ser mejor

Cuando algo nos preocupa, nos tronamos los dedos y empezamos a sentir inquietudes que nos quitan el sueño y nos vuelven muy sensible y hasta irritable.

En la línea de la empresa manufacturera, se conocen técnicas para identificar por dónde empezar para solucionar problemas y cómo detectar lo que se debe hacer para solucionarlas, es una forma de seleccionar cuales son las causas más importantes dentro de toda la gama de variables.

En casa no es necesario aplicar una técnica tan profunda, ya que lo que se hace es tan cotidiano y no solo lo se conoce, se comenta y hasta se programa de alguna forma, pero en muchas ocasiones esa programación no lleva a la solución correcta.

Para saber dar la prioridad o la importancia que le corresponde a cada una de las tareas, lo único que se

Necesita es una comunicación estrecha, un registro de todos los eventos, para darles valor y colocarlos en la escala que les corresponde, así se puede conocer el camino y por dónde empezar.

El economista italiano Wilfredo Pareto desarrolló una forma que se conoce como Diagrama de Pareto, es común su aplicación en la Industria, el concepto es lo importante, no necesariamente que se tenga que manejar igual en el hogar y eso es lo que pretendo se comprenda para ayudarnos a priorizar lo que en casa se vive.

El Sr. Wilfredo Pareto encontró que del 100% de los problemas que se tienen, solo el 20 % de ellos son en las que recae la mayor importancia, eso quiere decir que si se soluciona el 20% de los más importantes, se está terminando con el 80% de las preocupaciones en ese periodo.

En esa pequeña empresa llamada hogar, se encentran eventos importantes que se deben de clasificar para identificadas las causas que provocan el desajuste como:

- La educación
- La economía
- La alimentación

- La casa
- Los recursos dentro el hogar
- La Salud

Por supuestos que todos son importantes pero si tan solo el 20% de ellos se descontrola y se solucionan, se logra una calma que permitirá continuar solucionando lo secundario sin tantas presiones por los demás.

Seguramente ya han pasado momentos en los cuales la salud ha sido prioridad en casa o bien, el pago de colegiaturas.

Por supuesto que la regla principal siempre será.

"NUNCA TENER MAS GASTOS DE LO QUE LOS INGRESOS NOS DAN." Lo cual no es algo que exista normalmente en nuestra cultura.

Sin embargo los factores que se presentan para que ocurran los problemas son variados:

- ❖ Un despido en el trabajo
- ❖ Un cambio de residencia para continuar con el trabajo
- ❖ Un gasto excesivo por pérdida de un familiar
- ❖ Un incremento en los precios de los productos por problemas de devaluaciones

❖ Un hecho inesperado como en aquel el 11 de Diciembre que repercute fuertemente en nuestro País.

❖ Un manejo inapropiado de las finanzas del gobierno

❖ La adquisición de una vivienda

Para analizar todos los gastos no debemos de olvidar que los más comunes como: Luz, Agua, Teléfono, Gasolina, hasta llegar a los más importantes como, la Renta o Hipoteca, Colegiatura.

Entonces podremos ver, como los gastos pequeños se pulverizan tan fácilmente al grado de que se ocultan y llegan a ser problemáticos por no ser controlados, como los teléfonos celulares, o las entradas a los locales con internet, o al futbol, o al concierto de los artistas los famosos, el uso del auto para todo, el consumo NO controlado del agua, y de la energía eléctrica o el gas doméstico y posteriormente crear compromisos, para cada evento que se ha encontrado como área de oportunidad, controlarlo será el objetivo.

Manejar cuentas en el hogar, implica que también somos los contadores de esta empresa, y como en la Industrias, también los padres nos encargamos en el hogar de cuidar las finanzas, la pareja estará De acuerdo en llevar a cabo los gastos necesarios declarando abiertamente los ingresos para que ambos tengan la Visión completa de hasta donde es posible gastarlo que ha llegado.

Cuando la situación económica se llega a límites insostenibles, las decisiones a tomar, pueden ir desde bajar el nivel de vida que se lleva y tomar resignada y temporalmente otro rumbo, o que ambos trabajen y que el cuidado de los niños quede en manos de otros y vivir una etapa bajo un régimen de educación bajo una influencia externa, diferente a la que se ha propuesto la pareja.

# Filosofía, Visión y Misión

Lo anterior solo es una forma de encontrar la punta del hilo para ayudarnos a solucionar los problemas, pero, es mejor si nos ayudamos previamente a definir como deseamos que sea la vida en pareja. Desde del momento en que se da esa unión, empezó el sueño y así se iniciaron los planes del futuro

En las empresas tienen los cuadros de cada una de ellas, La Filosofía, La Visión y la Misión, colocadas sobre las paredes de las oficinas principales declarando ante toda su gente un fin bien pensado para llevar a cabo su empresa, es decir se está creando un compromiso bajo ciertos acuerdos que deberán de seguirse.

En casa estos cuadros no están pegados a la pared, se llevan en el pensamiento, ese acuerdo o compromiso también se plantea antes que nada, es decir La filosofía, la Visión y Misión también forman parte del hogar y donde nuestra conducta y congruencia, juegan un Papel muy importante porque son parte de un serio compromiso.

Oír hablar de estos términos en casa no es común, es algo a lo que no estamos acostumbrados, pero sin embargo, eso quedó implícito desde que se tomó la decisión de unirse.

Yo pregunto qué pasaría si cada ahogar define una Filosofía una Visión y una Misión al inicio de esa nueva vida, o en este mismo momento, donde el ambiente social ha cambiado drásticamente, que sea la voluntad de empezar o modificar lo que se quiere en esa empresa de amor y esperanzas.

Construir una VISION, es decir (el sueño), y una MISIÓN, (el cómo hacerlo realidad), ese sería el primer intento de Involucramiento, simplemente platicarlo con la seriedad del caso y referirse al futuro que ambos desean.

Reconocer que las culturas de familia que traen de su formación van a ser un factor importante a dialogar y entender, este será solo el principio, tan simple como identificar a que están acostumbrado uno y otro, eso puede ser suficiente por el momento porque lo demás va a ir brotando poco a poco, entender y comprender lo que venga será parte de la madurez de la relación.

Las culturas de familia, fueron y son aprendizajes y herencia de casa, de sus Padres, hoy toca entender que los cambios que el entorno ha dado, necesitan adaptaciones y nuevas normas de conducta, renovar los aprendizajes que en familia se recibieron, modificar lo que se tenga que modificar o cambiarlo totalmente y adaptar lo bueno de lo aprendido al tiempo actual, si es necesario, para ir desarrollando su propia cultura en los términos que ya se vieron en capítulos anteriores, con fin de que equilibrar lo que traen ambas culturas de familia.

Quienes tienen la oportunidad de iniciar esta etapa de unión, en un lugar donde solo será habitado por ellos, tendrán todas las oportunidades de crear su propio modo de vida y no estar dentro de influencias laterales de padres y hermanos para establecer y llevar reglas de la pareja.

Otros que no tengan otra alternativa seguramente van a convivir con ellos y la educación será más complicada, porque estarán compartiendo un estilo de vida de una familia a la que ya no se pertenece como tal, y las intervenciones de todos los que viven en ella afectaran el deseo de concretar una mejor calidad en la educación de los hijos, por eso lo más recomendable es enfrentar ese reto separados de los hogares de Origen y que sean solo la pareja misma la que escoja todo placenteramente lo que desea para su futuro, no hay nada mejor que gozar de un buen momento de felicidad en la privacidad del hogar así como un sabroso disgusto donde nadie defienda a nadie ni eche a perder el sabor de ese buen y sano disgusto, que permitirá a los dos irse conociendo cada vez más y mejor; Dice mi esposa que la palabra casados lo dice todo, pero muchos no lo entienden.. CASA – DOS, casa de dos y ... pues tiene toda la razón no perder de vista que es un compromiso mutuo. Una vez definidos los sueños y el cómo lograrlo, conforme pasa el tiempo todos los eventos se van alineando de acuerdo las circunstancias, y entonces ya se pueden distribuir las responsabilidades entre ambos para empezar y llevar un control adecuado, clasificarlos para poder dirigir los esfuerzos.

Separemos las actividades en dos líneas:

a. **Dentro del hogar**
b. **Fuera del Hogar**

**a).- Dentro del hogar**: Como se pretende manejar y delegar actividades en lo que son:

* La Limpieza
* El Orden de las casa
* Los Hábitos, nuevas costumbres para eliminar Pérdidas

* El cómo Fomentar la Confianza
* El cómo Mantener una comunicación transparente
* Predicar con el Ejemplo
* Compartir o ayudar a sus hijos en las de tareas de la escuela...

**b).- Fuera del hogar**

* Responsabilidades directas con la escuela (pago de cuotas)
* Asistir a reuniones de Padres de familia
* Cumplir con horarios, de trabajo y Escuelas.
* Pago de insumos (Luz, Agua, Teléfono)
* Comestibles
* Renta o Hipoteca

Solo es un ejemplo, los detalles reales los definirán más claramente la pareja.

El valor que se le dé a cada uno de las tareas, depende de lo que la pareja acuerde, sin perder de vista que lo que importa es tener un cumplimiento a oportuno de cada tarea. Cuando se practica una forma de vida así, es más sencillo que las cosas que esperan se den y se refuerza el control en la economía.

Una de las tareas más importantes, es la Economía, en esta línea resulta más fácil enlistas los eventos que los conforman: Y como cualquier economista de hogar se van a identifica las dos variables que

A).- El monto de dinero que entra a la casa
B).- El monto de dinero que egresa

A).- tenemos:

- Ingresos de remuneración de trabajo de uno.
- Ingresos por remuneración de trabajo del o de la otra persona
- Otra percepción.(rentas de propiedades)

Para el inciso B).-

- Gasto por energía eléctrica
- Gasto por consumo de agua
- Gasto por Gasto por Teléfono
- Colegiaturas
- Despensa
- Renta o Hipoteca
- Consumo de Gasolina (si se tiene)
- Gastos imprevistos
- Deudas pendientes.

Recuerden que el modo de vida, es recomendable que sea con un liderazgo compartido reconociendo que Ambos tienen la capacidad y talento suficientes para colaborar y reconociendo en común acuerdo, y ambos serán dependientes uno del otro de forma equilibrada y nadie será más superior entre sí.

Por lo tanto de todos los eventos cada uno tendrá a su cargo según lo que se acuerde en pareja.

# Como optimizar la relación en grupos de trabajo

Todo lo que hacemos, vemos y tenemos, tiene una forma de ser mejorada, afortunadamente así es, pero nuestra Visión crece con un velo en los ojos y solo vemos lo que estamos acostumbrados a ver ,,, y eso nos llega a conformar.

Estamos tan inmersos en un mar de costumbre y de cosas del pasado, que nos "acostumbramos" a todo y hasta nos parece normal y no hacemos nada diferente; Únicamente cuando algo nos estorba, reaccionamos y nos vemos obligados, hacer algo, pero no lo hacemos por convicción sino por obligación, tal parece que alguien o algo nos debe de empujar fuerte por la espalda para dar un paso adelante.

Esto se debe a que nos conformamos con lo que hacemos, tenemos y vemos, necesitamos ser

IMPULSADOS POR ALGO EXTERNO, parece mentira pero regularmente así es, reaccionamos, hasta que

Algo delicado, preocupante o doloroso nos llega y nos pega cuando menos lo pensamos.

Una oportunidad que se tiene para mejorar es ser muy receptivo y saber escuchar las críticas de otras personas sobre lo que hacemos. Es decir, cuando alguien nos llega a comentar algo acerca de nuestra conducta, regularmente adoptamos una posición defensiva, quizás porque no fue la mejor manera de decirlo, o porque no fue el mejor momento, pero no hay que descartar que es porque no nos gusta que nos critiquen, aun viniendo del mejor amigo.

El punto es que NO, NOS GUSTA QUE NOS CRITIQUEN.,,, dicen que las críticas son positivas o negativas y en mi opinión TODAS SON POSITIVAS, la diferencia es la hace la FORMA como las aceptamos, y las interpretamos, independientemente de la forma como lleguen a nuestros oídos, todas llevan un mensaje, cuando el comentario nos llega lleno de coraje es porque nosotros estamos creando una respuesta de esta índole y entonces viene cargado de emociones, pero lleva un mensaje muy marcado que se debe de considerar.

Cuando las relaciones sociales y humanas son más suaves y se da la crítica, esta se recibe con más tranquilidad y hasta se permite abundar en el tema. No hay críticas Positivas o Negativas. Todas son positivas, lo negativo en algunos casos es la forma como se dicen las cosas.

En el caso de "Cómo optimizar los procesos" y no solo los del trabajo mismo, sino también a los procesos mentales, es viviendo en un mundo de libertad de expresión y confianza, dónde podamos recibir información de si estamos actuando mal o de cómo mejorar lo que se hace y cuando no sabemos escuchar, no se logra el progreso adecuado, porque no queremos ni sabemos escuchar que existe otra forma diferente de hacerlo

En las empresas le llaman "CEGUERA DE TALLER", cuando hacemos las cosas de alguna forma acostumbrada y repentinamente llega alguien y lo hace diferente y hasta más fácil, entonces suena raro que el "nuevo(a)" haga lo que a todos se nos pasó de largo, eso es lo mismo que nos pasa en el hogar.

Estamos acostumbrados a ver diariamente lo que tenemos y no nos percatamos de que hay muchas cosa alrededor que pueden ser mejoradas en lo que HACEMOS.

No es necesario buscar técnicas complejas para aplicarlas dentro del hogar, ni tampoco tratamientos Psicológicos, personas especializadas que nos den asesoría para mejorar la calidad de pensamiento y la Parte conductual. No en principio y bajo un esquema Normal de familia.

Para empezar ese cambio solo deben de convivir en el medio familiar las siguientes condiciones:

- SINCERIDAD
- TRANSPARENCIA
- CONFIANZA
- CONGRUENCIA,
- INVOLUCRAMIENTO
- PARTIENDO DEL "AMOR" QUE UNE LA FAMIIA.

El hogar tiene un equipo de trabajo Natural, somos nosotros, y que irá aumentando dependiendo de tu plan de Familiar, cuántos hijos(as) se desea tener, uno, dos , tres, ????? o cuatro. Y Cada cuando.

En estos grupos de trabajo, Todas la opiniones tienen un valor, todas cuentas no importan que parezcan inocentes o fuera de lugar, aquí necesitan bajarse la nube los que piensan que lo saben todo y aprender a escuchar, encontrar una forma de que abrir su mente y ser altamente receptivos y poder interpretar la parte emocional de aquellos que opinan, de la forma más sana y conveniente para uno.

Esto de la comunicación utilizada para mejorar, se llega a ver muy favorecida cuando los hijo crecen y aportan Sus propias ideas, hablo de quizás, de 6 a 8 años en adelante, lo que NÓ vemos como padres, en la óptica de los hijos tiene otra interpretación.

En la parte del entendimiento, personal, se necesita

- Respeto en lo que se dice y la forma como se hace
- Convencimiento pleno para recibir información (mente abierta)
- Conocer límites de Tolerancia individual
- Apertura a los límites de tolerancia
- Paciencia
- Cero agresividades

Cuando oímos algo que nos parece ofensivo puede ser que no estamos preparados para escuchar lo que no queremos oír de nosotros, y obviamente no consideramos que existen buenas intenciones, lo que sucede es que la mente no está dispuesta o preparada para recibirlo.

Existen diferentes formas de ver esto:

1.- Que pienso y opino de mí mismo

2.- Que piensa y opina la gente de mí y SI me lo dice.

3.- Que piensa y opina la gente de mí y NO me lo dice

4.- Que piensa la gente de mí y me lo dice

Iniciar con la primera pregunta, es como echarnos un clavado adentro de nosotros mismos.

Hay una práctica sencilla para descubrirlo, y es recomendable hacerlo con la pareja:

Tomen un papel cada uno, fijen un periodo corto de un minuto para responder, un minuto puede ser y anoten:

- Qué cualidades, habilidades, conoces de ti mismo, que es lo buenos que ves en ti.

Después

- Haz lo mismo, pero ahora escribe las cosas malas, los defectos, que tienes

La experiencia dice, que en esta práctica van a escribir y muy rápidamente todo lo bueno que sabes de ti mismo (amable, tierno, trabajador, responsable etc.) Pero en la segunda donde escribirá tus defectos, HASTA VAS A DETENERTE A PENSAR... porque no encontrarás fácilmente eso que buscas, aceptar que soy, pretencioso, prepotente, soberbio, ególatra, irrespetuoso, grosero mal educado, no es fácil de aceptarlo a menos que alguien nos los diga.

Finalmente cuenta las características de cada uno de los ejercicios, seguramente encontraras que anotaste más en el primer ejercicio que en el segundo y ahora intercambien los papeles con tu pareja y dense un tiempo para reflexionar y comentarse lo que convenga con sinceridad.

Entonces podemos pasar al siguiente punto.

2.- Que piensa y opina la gente de mí y SÍ me lo dice

Ahora toca preguntar a tu Esposo(a), a tu novio(a), abuelo(a), tu Papá o Mamá, hermano(a), un amigo, hasta a un supuesto "enemigo y que te digan que es LO QUE OPINA DE TI...y anótalo.

Trata de generar un ambiente de confianza y receptividad, mantente callado, evita los porqués, no interrumpas la conversación unilateral que ya inició y deja que exprese todo lo que él o ella ve, siente y piense en ti. Anótalo, hacerlo no solo permitirá que te lo lleves escrito, también se va a registrar en tu mente. Si esto se hace con el tiempo y la intensión positiva de ayudarte te llevarás, un tesoro.

Después entrarás en un proceso de reflexión, necesario. Y ahora te toca decidir que debes de modificar para no afectar las relaciones interpersonales y dejar que Todo fluya a tu alrededor normalmente sin que tu personalidad sea un obstáculo..

El cómo llevar a cabo ese cambio no es fácil, debido que mucho de lo que traes ya está formado dentro de ti, pero podrás entender que moderar y controlar actitudes, es un buen comienzo. Ahora ya estás enterado y listo para ir a la siguiente pregunta.

3.- Que piensa y opina la gente de mí y NO me lo dice

Esto sucede muy a menudo, es común que las personas ajenas a nuestras vidas nos vean pasar sin conocer quién soy o cómo soy, pero lo que es seguro es que SÍ van a percibir algo de nosotros.

En el ambiente empresarial el conocer que opina la gente de alguien en particular, es para evaluar sus relaciones interpersonales, retroalimentar a esa persona en términos del trato respetuoso, trato amable etc.

En lo personal, te encontrarás gente externa, que también forman parte de su entorno, Familiares, Vecinos, amigos etc. La razón por la cual no se nos acercan para hacernos algún comentario, pueden ser muchas:

* Poco acercamiento en las relaciones cotidianas
* Por el tipo de personalidad, puede reflejar antipatía
* Por el carácter poco amigable
* Por ser introvertido
* No hay confianza

NO se descarta que algunas personas te dejen seguir a propósito en el camino equivocado solo por no verse envueltos en un problema personal, por no saber que reacción se va a dar.

Es posible que a ellos no les interese acercarse a ti, sí hubiera alguna buena intención es porque existe un deseo genuino de ayudarte, entonces, el tono, la forma de decírtelo, la manera como llegan a uno será convincente y respetuosa, en ese momento depende de ti como lo interpretes, para que no se vaya a la basura la buena intención de quien se ha acercado a ti.

La relación familiar se debe de ver muy favorecida, cuando se permiten dedicar un tiempo para comentarse la forma como se conocen unos con otros, dejar la puerta abierta para permitir que cualquier miembro de la familia exprese lo que piensa será el mejor camino.

Por último:

4.- Que piensa la gente de mí y me lo dice

Cuando se tiene este nivel de aceptación, la persona es reconocida socialmente con actitud receptiva, y por lo tanto maneja un progreso en su comportamiento muy adecuado, se da tanto en el ámbito social, del trabajo, en un aula de la escuela, en el vecindario o en el trabajo mismo, son personas carismáticas con mucha influencia en lo que dicen y hacen.

Cuando se tiene por naturaleza esas cualidades es fácil de identificar las personas que se mueven bajo este estilo de vida, pero no necesariamente, siempre es así, hay quienes se hacen desarrollando habilidades y capacidades personales que se van ubicando en el sentir de las personas que los rodean, entonces es cuando la gente se le acerca y les comentan lo que desean, saben que no van a sentirse rechazados. Es el tipo de personas que vale la tomar como punto de referencian son ejemplo claros.

Empezar por conocerse a sí mismo es comenzar en una exitosa exploración personal que reditúa en una mejor forma de vida.

Tema No

# 10 Como saber cómo van mis resultados

Siempre será necesario saber cómo estamos exterminamos o erradicando definitivamente esas fugas, toda esas actitudes improductivas una vez que ya se ha iniciado a vivir con ese cambio cultural.

Los eventos más comunes se conocerán cuando lleguen los recibos de los consumos del mes tales como:

- **Gastos fijos: como**

  - ➤ Luz
  - ➤ Agua
  - ➤ Teléfono de casa
  - ➤ Gas
  - ➤ Renta
  - ➤ Colegiaturas

- **Gastos Variable**

  - ➢ Gastos de despensa
  - ➢ Gastos escolares adicionales
  - ➢ Consumo de Gasolina
  - ➢ Distracciones
  - ➢ Gastos imprevistos
  - ➢ Propinas

Cuando el fin de mes llega, llegan resultados los numéricos y entonces se identifican dónde están las fugas ratoneras.

Nuevamente se podrán encontrar los puntos que se salieron de control, y las razones que lo generaron pueden ser:

- Fuga de agua en tubería, por defecto de construcción
- Alto consumo de agua por haber recibido familiares en época de vacaciones
- Alto consumo de gas por hacer uso del Horno en el mes, lo que no es normal.
- Alto consumo de Teléfono por largas distancias frecuentes, problemas de salud con familiares.
- Gastos escolares altos por Inscripciones y colegiaturas, compra de Útiles escolares.
- Alto consumo de gasolina por salidas necesarias de la ciudad para atender problemas de familia.

- Pago de Tenencia y Refrendo

Nótese que los eventos que ahora se mostraron no son eventos cotidianos.

Los que deben de cuidarse tales como:

- La gota de agua que se tira,
- El lápiz que se pierde,
- El rasurarse en la ducha,
- El foco prendido sin necesidad
- El uso excesivo del microondas
- El uso programado de la lavadora…. Etc.

Con esta visión ya se pueden establecer metas y objetivos, poniendo el dedo donde se deben de bajar

Y controlar los gastos y en donde eliminarlos permanentemente o temporalmente.

Tomar como puntos seguimiento los 3 ó 4 eventos, los más importantes y representativos y seguir cuidándolos en el transcurso del mes. .

Las conductas y costumbre irán cambiando y los hijos llevarán PRINCIPIOS Y VALORES más sólidos que se verán reflejadas en el terreno del trabajo. Si los procesos mentales ya tienen las bases de Calidad en el servicio, eliminación de desperdicios, orden y limpieza, Honestidad y respeto, adquiridos en el hogar estaremos dando un Gran paso, la Nueva Cultura será un fuerte pilar para la productividad dentro y fuera del Hogar.

México estará despertando y sacudiéndose la manipulación, el engaño, las pérdidas millonarias que enriquecen al más rico y empobrecen al más pobre y el sueño sería erradicar la corrupción reducirla a su mínima expresión para que no estorbe en el progreso del País.

Las nuevas generaciones dejarán huella, un progreso con más esperanzas de ser mejores.

# 11

# La Cultura de Calidad y productividad, no es propio de una empresa Nacional o Extranjera

Los mexicanos destacamos mucho en la creatividad, somos únicos para enfrentar situaciones y únicos para solucionarlas, lástima que a muchas de esas acciones creativas, les llamemos "Chicanadas ", una agujeta de zapato, un trozo de alambre, ayudan a solucionar un problema, hasta con un golpe hacemos que prenda la Tele o arrancar el carro.

La creatividad es una característica probada que existe en la mentalidad del mexicano y lo que está aunado a la creatividad es la iniciativa, esto nace en muchos casos por necesidad, por naturaleza o por superación personal, por la carencia misma de cosas, por el descalabro de pedidas por variaciones drásticas en materia de devaluaciones y pérdida del poder adquisitivo de la moneda.

Soy, al igual que muchos, testigo de que la Mano de Obra mexicana es altamente productiva y me estoy refiriendo a toda la mano de obra... MUJERES Y HOMBRES, y no lo he comprobado en un solo punto de País, Hermosillo Sonora, El estado de México, El Distrito Federal, Veracruz y Guanajuato son los estados que me permiten aseverar, que en todo México existe una mentalidad abierta a la Calidad y a la Productividad, sobre todo en las Empresas privadas, donde ambos empresas y sindicatos sí están convencidos de trabajar para un bien común, crecer la empresa y crecer los trabajadores no solo en lo económico, sino también en la preparación y en la educación empresarial en conjunto con respeto y sana convivencia.

Haber tenido la oportunidad de pasar por empresas tan importante en México como las empacadoras de Alimentos Del Monte en Irapuato Gto., Herdez de México en el D.F. y en Salamanca. Heinz Alimentos, Alimentos HP en los Robles Veracruz, Ford motor co. En México, y Hermosillo Son. y Velcon en Celaya Gto. Me enseñaron que en la Industria también la mujer juega un Papel muy importante en la productividad, son muy hábiles para desarrollar equipos de trabajo, su participación es relevante en la consecución de objetivos, en la ciudad de Celaya en una empresa

Metal-mecánica ellas demostraron habilidades asombrosas para realizar compras de materiales con otros países, como Japón, Alemania, Canadá y USA., gente preparada en su rama de trabajo y en lenguas extranjeras, como el Inglés y el Alemán haciendo que todos los materiales arribaran en tiempo y forma aunque para eso tuvieran que realizar esfuerzos extras en horarios nocturnos para lograr comunicación con países con horario distinto al nuestro, La mujer es un pilar importante en el desarrollo de México.

Cada vez que recuerdo esas etapas de mi vida, más me enorgullezco de la calidad del personal con las que aprendí de ellos que la productividad no es del jefe, ni del supervisor, es de TODOS. De todas ellas y ellos, el respeto a sus ideas y opiniones tienen valores superlativos en las organizaciones.

En Herdez, tenía la Línea de producción de Salsa Mexicana, al final de ésta, se tenía la máquina que cierra la lata, a una velocidad de 90,000 latas por turno.

Me parecía extraño que los records de producción que se festejaban, llegaban cuando mucho a las 42,000 latas por turno, cuando que la maquina superaba en mucho su capacidad. El Ing. Navarro, mi gerente de producción en aquel tiempo, nunca dejó de apoyar mi iniciativa de invertir en refacciones para la máquina de cierre, ni para cualquier modificación por realizar, tuve libertad para actuar, tuve apoyo

Mi trabajo fue encontrar en donde se escondían esas pérdidas, esa fugas que impedían salir con mejores resultados, al paso de los días ese encontraron estos puntos:

- Máquina cerradora (engargoladora) paros frecuentes problema de partes defectuosas y falta de refacciones
- Pérdida de tiempo por falta de Materia prima.
- Paros frecuentes en máquina cerradora por botes atorados en correderas
- Despate de chile serrano insuficiente para un volumen de producción superior.
- Recipiente adicional de acero inoxidable para la mezcla y preparación final antes de la máquina cerradora.
- Paros de línea por Surtido de bote de almacén deficiente a la maquina alimentadora de bote.

Se encontró una gama de deficiencias que fueron necesarias eliminar bajo un sencillo programa de metas a cumplir, involucrando a todos lo que tenían que ver con cada evento, cualquiera que fuera el departamento, sabíamos que si algún engrane de toda la cadena del proceso fallaba, todo se perdería:

Para incrementar la producción en esta línea, solo se necesitó:

- Existencia de refacciones para el Equipo y Maquinaria
- Control del Personal de abastecimientos de almacén
- Depto. De Agronomía abastecimiento de materia prima para una producción superior.
- Ampliación de recursos, Inversión
- Mantenimiento, personal calificado en la máquina de cierre de lata.

Por otro lado:

1.- Personal de la línea de producción, aportó una importante y copiosa participación
2.- Siempre se contó con el apoyo de la gerencia de producción, el Ing. José Luis Navarro
3.- El sub dirección de la empresa, el Ing. Manuel Domínguez, apoyó el proyecto del Ing. Navarro
4.- El departamento de Agronomía respondió excelentemente.
5.- Se compraron vibradores de aire y se instalaron en los puntos críticos de las correderas de bote para evitar quedaran atorados antes de llegar a la máquina de cierre.
6.- Se definieron tres puntos con el enfoque de "Inspección sucesiva" para abrir las válvulas el aire de los vibradores para eliminar cierre de la máquina en vacío.

En la parte superior de donde estaba la Maquina cerradora ya existía una construcción metálica, se instaló un nuevo recipiente de inoxidable para aumentar la capacidad de recepción y preparación del producto terminado. Desde este lugar se enviaba el producto preparado para su envase.

Lo más relevante, fue el grado de involucramiento y participación de las mujeres de la línea de Despate de chile serrano. Originalmente el proyecto incluía una línea adicional, que implicaba una banda transportadora de 6mts, de largo con su motor reductor y poleas.

Durante una sesión de trabajo antes de empezar el turno una de las muchachas que pidió que todas las trabajadoras, de ese lugar se reunieran y mostro una forma der despatar el chile "Pero a dos manos" cosa que no se había jamás pensado.

La norma era tomar el producto con una mano y con la otra tirar de la pata y desecharla por un canal diseñado para eso... Las compañeras aceptaron la idea de hacerlo a dos manos y solo reforzamos por la parte inferior la banda del transportador, para que tuvieran el apoyo suficiente para tomar un chile serrano con cada mano tomándolo por la pata, apoyar fuertemente contra la banda y desprender las patas de cada uno casi simultáneamente, todas las otras personas empezaron a hacer el trabajo de esa manera hasta que se hizo de forma natural.

> Se ahorró la Inversión
> Se "Bajó" la velocidad de la línea
> Se Conservó el mismo Número de personas trabajando
> Y se manifestó un entusiasmo de cooperación que dejó huella e inició una cultura de cambios en los procesos mentales de la gente.
> Se aumentó en ese momento la exportación de este producto a los Estados Unidos

Durante el segundo turno de producción de un día, salieron a mi encuentro con mucho entusiasmo, algunas de las jóvenes, para llevarme a los andenes de descarga y mostrarme que habían los suficientes camiones con materia prima listos para ser procesados, y todo comenzó...

El ritmo de la producción tomo una estabilidad, toda la maquinaria respondió sin problemas, se trabajó durante la media hora de la comida, El jefe de turno, El Ing. Molina, asombrado de lo que estaba pasando me comentó a la mitad del turno. Si no estuviera frente a ti viendo esto no te lo creería.

Y eso fue lo que sucedió al día siguiente. Cada vez que se rompía un record de producción se regalaba una Caja de despensa por trabajador de productos Herdez totalmente surtida,,,, PERO EN ESTA OCASIÓN NO SE DIO AL DIA SIGUIENTE. Fue necesario para los directivos hacer un inventario de etiqueta, bote y cartón para corroborar el consumo de estos y compararlos con la producción reportada ,,,, 82,000 Latas en un segundo turno de producción.

Después ya todo tomo su curso normal...

El mejor premio para todos fue haber logrado lo se veía imposible, con una inversión baja y con la misma cantidad de gente, los y las trabajadoras se notó como su autoestima se fue a los cielos, el orgullo y alegría se desbordaban por haberlo logrado, se sentían CAMPEONES y sobre todo aprendieron que las COSTUMBRE SON LOS RETOS DE HOY, MAÑANA Y SIEMPRE. Romper con ellas es crear un paso de superación sin precedentes sobre todo en lo personal. Nuevamente se destaca la calidad de la gente en México para logra productividad.

Después de esto, HERDEZ me asignó a su Planta En los Robles Veracruz, llamada "Alimentos HP" a la línea de producción de piña en rebanada, los resultados en ese momento eran que dos piñas se requerían para producir una lata de piña rebanada.

El objetivo era obtener de una Piña como tal, Una lata de Piña Rebanada.

El proceso en la línea de producción de Piña diseñada para producir Latas de Piña Rebanada son:

> -Piña en rebanadas
> -Piña picada

La primera opción representa el fin por cual fue construida la línea, comprendía 165 trabajadores, desde su inicio en la descarga hasta que sale la Lata al final de la línea dispuesta para su empaque.

La segunda opción como piña picada un proceso de recuperación, es lo que pasa con toda rebanada defectuosa que no debe ser empacada así por su deteriorada apariencia y se destina para envasarse en latas grande y su mercado es restringido porque es un producto para pastelerías.

DEL PROCESO... Concretamente se tenía eso:

❖ La línea iniciaba separando el rabo o cola de la piña y con un suministro de 80 piñas por minuto, a unas máquinas que eliminaba la cascara exterior y el corazón de la piña.
❖ La Piña caía sobre una banda transportadora y un determinado número de obreras (22) quitaban

el punto café de la Piña para posteriormente ser rebanada.

❖ Para asegurar la Calidad de la rebanada, sobre otra banda transportadora, otro grupo de personas separaban la rebanada de buena calidad y la colocaban dentro del bote, la que no tuviera la apariencia adecuada la desviaban a otra línea para ser picada.

❖ Lo siguiente es cerrarla con agua endulzada (Almíbar) a la temperatura necesaria.

❖ El Paso siguiente era acostar la lata, colocarla en un transportador inclinado, sobre el cual se tenían una serie de tubos de agua con boquillas o espreas, estratégicamente distribuidas y mientras la lata subía rodando se iba enfriando paulatinamente hasta el punto de empaque

El Gerente de Planta en ese momento era El Ing. De la Rosas, y yo compartimos, reafirmamos y acordamos el objetivo del estudio.

Y así se empezó, detectando todo aquello que reducía la posibilidad de obtener Rebanadas de Pina de Alta Calidad; Donde se estrechaba, el flujo del proceso, era encontraba el problema, les llamamos Cuellos de Botella.

LA OBSERVACIÓN de todo el proceso, fue el primer paso, anotar y tomar fotografías de las evidencias, para que cuando el estudio quede terminado pudiera ser comparado contra los resultados finales, y esto fue lo que se encontró:

- En orden de prioridades:
- La limpieza de la piña para eliminar el punto café era el principal factor de destrucciones.
- La velocidad de la Línea contribuía, para crear un estrés en el personal innecesario y propiciaba crear defectos.
- Los herramentales usados para extraer el punto café no eran los adecuados.
- La cantidad de personas en esa línea se estorbaban una con otra en el afán de hacer su trabajo.
- De la materia prima, Hubo un cambio importante en el tamaño de la Piña, se tenía un alto porcentaje donde el peso de la piña era igual o casi igual al peso de la cola o rabo de la piña. Así que empezamos a recibir piñas donde el peso de la piña era el 65 % del peso de total de esta. Además el contenido de azúcar de la piña debería ser mayor.

Las acciones tomadas fueron:

Modificar y afilar herramentales utilizados para quitar el punto café de las piñas antes de ser rebanada

Se BAJO la velocidad de la línea de 80 a 60 piñas por hora. Se volvieron a calcular estándares de Proceso y Velocidad de todas las líneas de producción y bandas

Transportadoras, incluyendo en las bandas enfriadora de lata ....

Cuando notifique al Ing. De La Rosa la conclusión del estudio, su primer temor fue el hecho de bajar la velocidad de línea, aparentemente, se tenía al paradigma de que esa variable impediría obtener la producción de lata de Piña en Rebanadas.

Y no estaba equivocado, bajo las circunstancias originales, seguramente hubiera habido mucha incertidumbre y hasta la posibilidad de no lograr el objetivo de producción.

Una vez modificado y corregido lo que se mencionó anteriormente nos dimos dos semanas de plazo para esperar resultados por petición del Gerente de Planta, el Ing. De la Rosa.

En un fin de semana se procedió a hacer lo siguiente:

1.- Cambio de engranes de las máquinas de entrada para bajar la velocidad de 80 a 60 piñas por minuto.

2.- Cambio de poleas de los transportadores subsecuentes para homogenizar el Ritmo de trabajo.

3.- Re-distribución el personal también para operar al mismo ritmo más bajo.

4.- Se compartió todo el proyecto con supervisores y trabajadores por áreas. (La incertidumbre fue que si sobraba personal que se haría con este, se pasó al área d mango)

5.- Nos fijamos una curva de lanzamiento, objetivos y metas

La primera semana se ajustaron todos los estándares de trabajo y se puso especial atención en la línea donde se extrae el punto café, donde quedaron solo 17 personas de 22 que se tenían y en la línea donde se seleccionaban las rebanadas con calidad.

En la línea donde se seleccionaba la rebanada de la piña y se colocaba en el bote para seguir su proceso, se aumentaron 4 personas más, ya que la expectativa eran, aumentar la rebanada de piña de mayor calidad para ser envasada..

No fue necesario espera tanto, la primera semana ya mostraba resultados de haber reducido la piña picada, lo que por consecuencia aumento la piña rebanada de calidad en la 2ª. Semana la producción subió para alcanzar el objetivo de productividad UNA PIÑA POR

LATA DE PIÑA REBANADA... y el producto de piña picada se redujo notablemente.

Es importante resaltar la participación tanto de los mecánicos, operadores, supervisores y mujeres de línea fueron clave por su participación y sugerencias, pero lo más importante fue el apoyo, el acuerdo y la confianza del Gerente de Planta, el Ing. De la Rosa.

Es muy difícil para mí aceptar que alguien diga que en México no tenemos mano de obra NÓ SOLO CALIFICADA, ¡EXPERIMENTADA¡ Que no sabemos integrarnos como verdaderos equipos de trabajo, intercambiando y ser altamente PRODUCTIVOS.

El personal con el que yo estuve en estas experiencias en las líneas de producción eran personas humildes, seguramente con pocos estudios, pero con un sentido de responsabilidad y de cooperación poco común, algo importante fue conocer una cultura de puerto dispuesta siempre a luchar por su fuente de ingreso con una colaboración decidida.

Un valor importante en todo esto es que nunca se tuvieron obstrucciones u objeciones por parte de sindicatos, ni mucho menos de la Gerencia de Planta. Todos ellos Sindicato, empresa y sobre todo los trabajadores, mujeres y hombres siempre estuvieron ahí entendiendo y apoyando el planteamiento.

El personal que quedó fuera del proceso por la eficientación de la línea, fue relocalizado a la línea de mango para adelantar y preparar la temporada siguiente de producción de mango.

Así terminan las experiencias que me dio HERDEZ de México y de mi parte un agradecimiento muy especial por la oportunidad que me dio.

Otra gran experiencia que representa un caso más de PRODUCTIVIDAD en manos de mexicanos, en esta ocasión fue con una Compañía Transnacional de renombre, FORD Mo. Co.

Esta importante Empresa, fue mi segunda escuela durante 15 años, viví aprendizajes incomparables. El lanzamiento de la planta de exportación en Hermosillo Sonora, fue un proyecto realizado entre Ford, y Mazda, y un ejemplo más y muy claro de que la Mano de Obra Mexicana, no solo es muy buena, también es altamente productiva.

En este caso, es necesario reconocer que el planteamiento de FORD para este ambicioso proyecto, se dio bajos lineamientos claros de disciplina, respeto y un amplio programa ambicioso de capacitación que se dio a más de 1000 personas contratadas, implicó llevar Becarios o técnicos en aprendizaje por periodos mínimos de 2 meses a Hiroshima Japón, donde se encuentran dos grandes plantas de Mazda y luego a

España también por dos meses en nuestro caso a la Planta de Ford en Valencia. 1985 fue el año de inicio de la construcción de la Planta y simultáneamente la selección y capacitación del personal. Las Plantas de Mazda fueron escenario de capacitación en los procesos siguientes:

* SISTEMAS CALIDAD
* TRABAJO EN EQUIPO (CIRCULOS DE CALIDAD) Y
* MEJORA CONTINUA (KAIZEN). = PRODUCTIVIDAD

Planta Ford en Valencia España

En esta Planta se permitió la capacitación y participación física, de los Becarios, en las operaciones de producción, con el fin de adaptar sus habilidades en una línea de producción en movimiento.

Los becarios, regresaron paulatinamente de sus entrenamientos, para recibir en planta una capacitación sobre Control Estadístico Del Proceso.

Las evaluaciones de la Calidad del producto, se llevaban de una forma exigente y mediante una medición en puntos, se determinaba la cantidad de defectos encontrados, entre menos puntos Mejor Calidad de la Unidad, conforme se obtenían menos puntos nos hacíamos acreedores de ingresar a los diferentes niveles de premiación, las puntuaciones de buena calidad llegaban a ser hasta de 600 puntos por cada evaluación record y se hacían acreedores a ingresar A un Club y lo definían con el número de puntos obtenido, así la Planta de Ford en Hermosillo llegó en aquellos tiempos a permanecer en el CLUB DE LOS 350, con una productividad ejemplar gracias a la capacitación y aplicación en esta plana del enfoque sobre MEJORA CONTINUA (KAIZEN), pero también porque la calidad de mano de obra de la gente destacó de manera considerable.

Visitantes distinguidos de diferentes partes del mundo, empezaron a llegar a la planta, para ver de Cerca que estaba haciendo Ford en su Planta de Exportación en Hermosillo, en tan poco tiempo.

El presidente Miguel de la Madrid y el Joven gerente de Planta de aquellos tiempos el Ing. Félix Guillén, inauguraron oficialmente las operaciones de la Planta.

Es una etapa más donde lo relevante es no solamente la confianza de Ford Motor Co. en México de haber

Realizado una inversión tan elevada, también hay que destacar la buena imagen que dio al mundo automotriz la Calidad de mano de obra en manos de la gente de Sonora. Una vez más la mano de obra de nuestros País, que triunfa y destaca en Calidad productividad.

Finalmente les participo lo que sucedió en una Planta Ganadora del Premio Nacional de CALIDAD en 1995.

Velcon S.A. de C.V. Planta Metal mecánica, localizada en su momento en la ciudad de Celaya Gto., una empresa perteneciente al que fue el Grupo Uniko productora de Flechas homocinéticas.

Un plana Metal Mecánica operada en su totalidad por personal Mexicano, bajo el liderazgo de una persona altamente experimentada en el ramo y con una habilidad excepcional en el manejo de las relaciones humanas, del In. Jorge Luis Coronado (QPD) Con él y el representante sindical de la empresa llegamos a México para recibir en manos del presidente Ernesto Cedillo el "PREMIO NACIONAL DE CALIDAD 1995". El asesor en la tecnología del producto fue GKN, diseñadores originales y patente de la tracción delantera para autos compactos llamada Flecha Homocinética.

Un reconocimiento que exige lo necesario para obtenerlo, donde la cultura de la empresa y bajo un buen enfoque filosófico, donde la Visión y la Misión fueron el alimento diario a compartir con la gente, juntos demostramos que no solo se sabe hacer calidad en Guanajuato, está comprobado que México es competitivo en calidad y productividad a Nivel Internacional.

Ahora hay nos toca desde nuestro hogar crear esa Culturas de alta Calidad, con una visión de Mejora Continua y entonces seremos un País mucho mejor de lo que es ahora pese a los embates del destino con una mejor y diferente con Visión Productiva y de FUTURO.

# Tema No

# 12 Planeación y proyección

Desde el momento que nacimos fuimos parte de un plan, aunque algunas personas digan que el bebé llegó sin haberlo planeado, no es posible creerlo. A toda acción corresponde una reacción, y eso es muy cierto, se está consciente de que todo puede ocurrir, si no tenemos el cuidado necesario, toda tendrá una consecuencia.

Vivimos en un mundo donde cada cosa que vemos, alguien lo planeo y la proyectó para que se realizara.

Es cierto que la diferencia, en la planeación se da con diferentes niveles de calidad dependiendo de la preparación de las personas, y la educación que se haya recibido, pero la naturaleza es simplemente eso, si dos seres humanos se unen es para planear una familia, y proyectar algo para el futuro.

Cualquiera que sea la situación una vez que tocamos tierra, es decir al nacer, iniciamos un camino que alguien planeo para cada uno de nosotros y durante

La primera etapa, que es prácticamente de los 0 a los 6 años, convivimos con la familia y somos altamente dependientes de los Padres además de que en ese periodo de tiempo somos verdaderos esponjas y absorbemos TODO lo que vemos y pasa, son momentos muy importantes para abordar esta parte del tema, Tomé algunas líneas de Internet, debido a que me voy a referir precisamente a esta etapa de crecimiento donde encuentro debilidades en los planes y proyectos que en la vida se nos presentan: Me voy a referir a un Psicoanalista reconocido, El Dr. Sigmund Freud, y a su hipótesis de que todo proviene del inconsciente y que somos lo que vivimos de los 0 a los 6 años.

Para Freud, la experiencia infantil resulta vital en la vida del individuo, al ser la primera etapa en la que se configura la personalidad humana.

El Inconsciente es la fuente de nuestras motivaciones, ya sean simples deseos de comida o sexo.

Lo relevante de esto es que precisamente de esas edades de los 0 a los 6 años se quedan en el inconsciente, todas las experiencias agradable y desagradables, que solo podrán ser identificadas y modificadas cuando uno llegue a una edad donde tenga la decisión de reconocerla, aceptarlas y finalmente adecuarla o modificarlas

Esta etapa es sumamente importante, se conjugan características de mucho valor para detenerse, analizar y pensar en una Planeación, donde se vean con sinceridad todas las influencias que se traen de esa infancia, me refiero a la forma como nos enseñaron a portarnos, que educación recibimos entre muchos aspectos algunos como:

- Lavarse las manos antes de comer
- Saludar a las personas
- Respetar horarios
- Ayudar a quien lo necesite
- Lavarse los dientes después de cada alimento y otros

Es más fácil recordar los malos momentos que los buenos, estos repercuten en nuestra conducta, las frustraciones y los traumas se diluyen en nuestros pensamientos y sin darnos cuenta afectamos nuestras relaciones interpersonales a causa de esas malas experiencias.

En repetidas ocasiones las cosas se dieron sin que participáramos nosotros directamente, en esos momentos permanecimos callados y a veces con temores, pero ahí estuvimos, viendo momentos que nos llenaron de recuerdos, fuertes, sin hablar ni de decir nada por temor o vergüenza, o simplemente porque la edad no nos lo permitió, no supimos decir nada en situaciones como:

A. Desacuerdos entre pareja
B. Desacuerdo entre pareja que se expresan con gritos
C. Desacuerdos entre parejas que se expresan con gritos y además hay actos de violencia
D. La bigamia, con hijos fuera de casa
E. La muerte de un ser querido
F. La experiencia de un accidente automovilístico grave
G. La permanencia del Padre o la Madre mucho tiempo en su trabajo y tanta que falta hizo en su momento.
H. Poco acercamiento a los hijos la poca o falta total de caricias, poco jugar con ellos, regaños más que enseñanzas por los errores
I. Maltrato físico a la Madre

Como se ve este tipo de situaciones no solo hacen referencia al núcleo familiar, aquí todo el entorno participa.

En esa edad los niños APRENDEN, EXPERIMENTAN y QUIEREN SABER MAS EN CADA SEGUNDO, esas son lo que llamamos travesuras.

Afortunadamente, se llega a una edad donde se es posible detectar y definir si realmente se desea superar esos traumas y es cuando se debe de adoptar una posición de enfrentarse al reconocimiento y aceptación de aquellos hechos, la mayoría de ellos sí es posible recordarlos aunque regularmente evadimos hacerlo por ese temor al dolor y al recuerdo que atormenta.

El proyecto de un hogar requiere conocer lo que somos hasta ese momento el uno y el otro, es decir hablar de esas debilidades con la madurez del caso, para desahogar entre sí esa carga que se interpone y que causan actitudes explosivas o conductas no deseables, no olvidar que como seres humanos, no vamos a poder evitar los disgusto y desacuerdo de pareja, pero SÍ se puede controlar la emoción cuando tu "yo" interno ha empezado a descansar por medio de esa comunicación necesaria entre pareja, Este proceso requiere de una confianza, discreción un respeto absoluta a lo que se dice.

Ya en el actuar diario, siempre tener en cuenta que lo que viviste y te daño en el pasado no se repita en lo que ahora tienes, tus hijos y tu pareja, si requieres ayuda profesional, no titubes, existen terapias de grupo o individuales y personas preparadas para ayudarte, pero enfréntate a esa realidad por el bien tuyo de tu proyecto Familia.

Todo eso ayuda a modificar el comportamiento erróneo de los adultos, que se da por esos traumas, lo que puede pasar con sus hijos es que sufran un trato incorrecto por la desesperación de los padres cuando estos, los niños y niñas lleguen a la edad de las "travesuras" o de la "juventud", donde ellos están más expuestos a la intervención de los padres para corregir una conducta "inadecuada". La mejor forma de actuar para imprimir una huella positiva, convincente y que se quede en la mente del pequeño, indiscutiblemente es con tolerancia, paciencia el respeto a su persona, pero más fuerte que eso es el Amor que se tiene por ellos.

Evitar que ellos digan algo o dejen de hacer travesuras, es lo más equivocado y lo peligroso es nuestra reacción, porque nuestro inconsciente puede recurrir a nuestra experiencia del pasado.

No hay una receta exclusiva para todo ni para cada caso, cada pareja deberá encontrar el camino más apropiado, ningún consejo directo será la solución.

Se habla mucho de los niños que viven en la calle y hasta nos encontramos con hijos REBELDES, difíciles de controlar, pero en múltiples ocasiones lo que hacen es levantar la mano para llamar la atención, es como si dijeran ¡¡ ACÁ ESTOY¡!, Escúchenme, Préstenme atención, Tómenme en cuenta.

Le tenemos demasiado miedo al entorno, sabemos que está cambiando drásticamente y que ahora cualquier pregunta que hagan ellos de pequeños, será más difícil contestarla. Los niños hacen muchas preguntas. El 99.9% de ellas muy inteligentes.

Las preguntas de hoy ya no traen la inocencia de ante, ahora las preguntas son:

> ➢ Porque la nena tiene dos mamás
> ➢ Que es eso de gay
> ➢ Mi amigo se droga, que es eso
> ➢ Que es eso de lesbianismo
> ➢ Matrimonios Gays .. que es eso
> ➢ Mi amigo no tiene Papá
> ➢ Mi amigo tiene dos papás
> ➢ Que es eso de homosexual?

Hoy las preguntas y lo que se ven y se escuchan tanto en la TELE como en la calle son más complicadas de explicar, por eso es un verdadero reto en la actualidad la Educación en casa, ya se acabaron las preguntas inocentes.

Todo lo escrito en los capítulos solo es una forma que se me ocurre debe de funcionar, todo fue aprendido en cursos, diplomados, carrera y maestría por los cuales pase, yo solo estructuré mis aprendizajes del pasado en algo que puede ser bueno para el futuro de muchos.

# 13

# No todo está terminado

La fiesta esta por empezar, después de haber leído este libro, la vida es un festival lleno de todo, y lo que lo hace más interesante es que siempre habrán cosas que se deban de mejorar y eso es lo que los Japoneses llamaron Mejora continua.

En mi opinión solo existen 3 formas de mejorar las condiciones de vida:

Alternativa No.1.- En Japón con la ganancia de haber desarrollado una cultura de mucha disciplina cuidado en la higiene y respeto, decidieron irse por lo más natural, aprovechar la capacidad intelectual del ser humano e idearon los círculos de calidad, donde todos los participantes del grupo, se involucran en el análisis de un problema y de una forma creativa lo resuelven con creatividad y permitiendo que toda opinión se tome en cuenta, todo es particular de una cultura de ese País con un objetivo de superación propio.

Alternativa No. 2.- Con Inversiones también se pueden lograr mejorar las cosas, tanto en casa o en la industria el problema es que el recurso principal es el dinero si se tiene la economía suficiente para esa inversión, háganlo y podrán mantener un sistema de vida modernizado con tecnologías de punta.

Alternativa No.3.- Existe una tercera forma de hacerlo, la mejora continua, aunque nace de un concepto Japonés, si se desarrolla y se aplica en nuestro medio las inversiones son menores porque lo que más participa es la inteligencia, la creatividad y la iniciativa de la gente, esta alternativa va a colaborar mucho con el objetivo de ir RENACIENDO EN UNA NUEVA CULTURA de familia.

Ahora nos toca a nosotros creer en algo y desarrollar lo nuestro, idear filosofías, dejar volar nuestra imaginación y sacar todas esas facultades de progreso que tenemos dentro, convivir con una forma de vida de mucha colaboración y comunicación estrecha con un liderazgo compartido, es decir, cuando alguien tenga la razón debe ser reconocida y apoyar, respetar y seguir con su idea, en ese momento él es el líder y los demás el apoyo.

Pero como se debe de entender lo que es La Mejora continua ¿?

A todos nos ha pasado que nuestras capacidades, llegan a un límite, es decir, ya se agotaron todas alternativas y entonces se hace necesario buscar otros caminos para continuar, empezar por un camino diferente. Si no se da ninguna reacción a ese momento, seguramente la curva del desarrollo empezará a caer drástica y rápidamente. Sucede en los procesos de operación en la Industria y también en el hogar, es básicamente que el nivel de competencia en la forma como se estaba haciendo declina lentamente, dando oportunidad de prepararse para algo distinto y rescatar la caída de la curva del desempeño.

Salir de un trabajo para iniciar en otro en aras de la superación profesional y económica, este puede ser superar nuestras conductas es otro ejemplo, si no hasta podría pegar en la armonía y la familiar, alejarse de vicios que destruyen tu salud es otro ejemplo, replantear el negocio porque el mercado está cambiando y lo que se produce ya no tiene tanta demanda...

El concepto de MEJORA CONTINUA abarca desde aquellos que desean mejorar su vida, hasta quienes, quieren salir del hoyo donde se encuentran, aplicando algo de su creatividad o para aquellos que desean volver a empezar con nuevas ideas y la iniciativa, es para quienes desean ambiciones positivas y ejemplares, es para quienes quieren cooperar con todo lo que se tiene superando expectativas de Calidad de vida en el Hogar, en la participación ciudadana, en lo político y con la Naturaleza a quien le debemos mucho respeto.

Está en nuestras manos enfrentarnos a las adversidades por medio de una nueva Cultura y que el día de mañana estemos guiados por mentalidades sanas tanto en el seno del hogar por los padres, como en lo social.

Hoy nos toca inconformarnos con lo que tenemos y vemos y poner nuestra mente no en la desesperación sino en la educación, todo lo que tenemos no es para cambiar drásticamente de hoy a mañana, todo lleva su tiempo recuerden no por aumentar la plantilla de trabajadores para construir un edificio se va a poder construir en tres día, todos son procesos que llevan tiempo para concretarse, pero si no empezamos hoy el tiempo va comerse todas las oportunidades y la vida seguirá en manos de quienes no les corresponde y estaremos sentados viendo pasar el tren, quejándonos de todo, pero sin participar.

Tengamos la virtud de aceptar hasta donde ha llegado lo que tenemos y si esto nos gusta o no, para que conscientemente vayamos a estar en un futuro muy cercano RENACIENDO EN UNA NUEVA CULTURA y agradecer que estamos dotados de Inteligencia y capacidades para lograrlo .....